優渥叢書

會長教你用

# 100張圖學會
# K線當沖

## 30 萬本金「穩穩賺」的每日實戰交易！

【熱銷再版】

YouTube 教學累計千萬觀看人次
台灣最暢銷的短線選股 APP 版主

◎台股大學堂會長 Johnny ／著
◎詹 TJ ／圖文協力

# CONTENTS

# CONTENTS

## *Part-7*【當沖高勝率操作練習篇】
## 20 個實戰操作，把交易的節奏變成
## 大腦的「肌肉記憶」⋯⋯⋯⋯⋯⋯⋯⋯ 151

# CONTENTS

## *Part-8* 【當沖交易大盤解析篇】
## 解析大盤背後的組成資訊，
## 當沖交易更能遊刃有餘 …… 199

序言

# 會長、會漲？
# 就跟著他一樣下功夫學吧！

財經知識平台執行長／詹TJ

## ● 股票，是一門無法參透的學問

2019年2月以前的我，對各種投資、交易都一竅不通，身旁朋友短線交易有賺錢，我就天真的以為只要跟著他的單，獲利就是這麼簡單無腦、萬無一失！ 結果，朋友停損我捨不得賠，朋友報給我的內線我一買就套牢根本不知道要跑，前前後後我認賠虧損了近100萬！

「你又不懂股票！」 這是另一個好友懶得跟我交流而丟下的一句話，我被激到了，在無法辯駁之餘卻也用力點醒了我，為什麼我會不懂？為什麼我一直覺得這是門我無法參透的學問？

我開始了我的散戶學習之路，那用力求知的渴望變成了吸引力法則的實證，我竟然成功轉職、一腳踏進了心之所向的財經知識訂閱平台營運工作。就這樣，所有檯面上知名的素人老師，因工作之便，我可以直接的與他們接觸與交流。我熱情好學、把握機會跟每一個老師討教，從模擬下單到真倉交易，我用我的方法

學習、驗證他們的教學內容，一方面是為了把關平台的作者是真實有料，另一方面則是對交易相關的學習都樂此不疲。我沒在市場上繳太多學費，就讓我對各種交易技術、交易心理的參透有了突飛猛進的成長。

## ● 遇見古怪的會長，我才明瞭散戶與全職交易者的差距！

會長雖是我平台服務的作者之一，但耳聞會長脾氣古怪，講話「直白」不好搞，老實說我把他列在我的學習順位的最後頭。但是，因為出版社的一個出書邀約拜訪，我終於硬著頭皮、好好地把會長在YouTube的免費基礎教學影音都用力地看了一遍。

不看則以，一看驚為天人。「拋開損益，只做對的動作」、「堅守停損的紀律」、「只看現象交易」這些都是我正在不停操練跟驗證的硬道理，都在他的教學影音中一再的反覆傳遞著！我的求知慾暴漲，迫不及待的希望跟會長見上一面！

我前後拜訪了會長數次，對他的了解也越加深入。19歲在券商當工讀生，31歲就已經是券商高階經理人主管；聽著他說著過往不把錢當錢的往事，直到小孩出生才醒悟要做出改變；老婆的忠告讓他重拾當年以交易起家的初衷，決定親身實證自己的交易方法有效，讓APP訂閱戶願意相信並複製他的方法。

更讓我五體投地的是，不太看書的他，透過20幾年的交易體悟，竟也自行歸納出許多世界級交易大師一樣的心法與教誨。就

這樣，我對會長的看法有了180度的轉變。我也更確信我一定要請他寫本書，讓更多人認識他！

不管你是道聽塗說派的股市散戶，擁護基本面的價值投資者，或是稍有點交易資歷的股市進階散戶，此刻有緣拿起此書翻閱，我衷心的邀請你可以花點時間，理解一下會長的當沖思維與操作模式。

這本書沒有要告訴你什麼賺大錢的方法，你也不可能因為看完這本書，就馬上可以打通交易的任督二脈。但至少看完這本書，對當沖這種保守派投資者避之唯恐不及的交易方法，你一定會有所改觀。倘若這本書中提到的一些概念，能對你往後的投資交易有些許的助益與提點，就已經達到我心中所設定的目標：「幫助散戶對投資交易有更多覺察。」

接觸股市投資、交易的老師越多，理解他們背後的操作邏輯越深入，我有很深的體悟，這些建構在人性之上的方法、技法、指標，拆解之後其實是殊途同歸。

## ● 短線交易者的停損思維與交易紀律，超乎想像！

「**當你買進一檔股票的原因消失，就是賣出的理由**」這句話大家耳熟能詳，但據我探查走訪很多散戶，他們買進的原因通常不是架構在一個穩固的信念與邏輯之上，想當然爾，賣出的理由，不管是達到獲利目標或是被迫停損，更是壓根兒沒想過。

反觀成功的短線交易者，是否也將相同的一句話「當你買進

的原因消失，就是賣出的理由」奉為圭臬？絕對有！ 他們的交易永遠進出有據，落實這句話的程度與次數都是其他交易方式的百倍千倍！

**短線交易者不僅是順勢交易，更是趁勢交易，買進一檔個股，就是看準那個勢頭跟力道，一出手就要有所斬獲；但只要眼前現象苗頭不對， 或是跌破了停損點，二話不說就是果斷出場！**這樣的操練每天都在上演，這樣的紀律也每天都在打磨修正。試問，正在閱讀此書的你，每年進出市場的頻率如何？你的交易風險與交易紀律，又是否了然於胸且嚴明執行？

交易面對的是不可預測的風險，進場之後的發展沒有人知道，賺賠其實機率都是各半，但要如何做到「賺錢抱得住，輸錢捨得跑」簡單的兩句話，就真的折磨死所有市場散戶了。

你有進場的條件嗎？你有出場的準則嗎？如果答案都是否定的，不妨停下腳步，看看這本書，你一定可以發現自己的不足，然後對交易的世界有種當頭棒喝的醒悟。

在追隨會長學習的過程中，我收穫頗豐。這是一本我用一個散戶的求知熱情去澆灌、打造的學習筆記，希望也能對你有所助益。

# 會長給股市新手的話

台股大學堂會長 / Johnny

## ● 價值型投資、存股放五年，真的適合你嗎？

大家好，我是會長，會稱呼自己為會長，當初只是希望當別人叫我一聲會長時，股票也跟著「會漲」，這個稱呼就這樣一直沿用到現在。

我在股市打滾已超過25年，過去是價值投資的擁護者，經歷了台灣股市最混亂的年代，輸多贏少。2008年在雷曼兄弟事件過後，2011年全球股市已經過兩年的生養休息，我認為即將迎來下一個階段的多頭行情。

當時也是智慧型手機發展的元年，我手上第一支智慧型手機是HTC，外資又不斷的發出宏達電上看2,000、3,000的利多報告，最後在2012，我透過融資買進20張1,000元總價高達2,000萬元的宏達電，心想只要漲到1,300我就賣。

殊不知一波跌勢之後，不到幾個個月的時間，我就負債了800萬。從此以後，我告訴自己，我再也不看基本面！

## ● 當沖是充滿風險的交易方式嗎？

在大家的印象之中，**當沖很危險、很容易虧損，但事實上，會產生重大虧損，主要都是因為交易者本身不懂得停損**。以我自己練習當沖的狀態，我是將每一筆交易都精準的掌握，只要到達我的停損價位，一定嚴守紀律停損出場。

此外，當沖者就是追強除弱，當天就會把不夠強勢的部位了結，絕對不會留到收盤，也不會留到隔天。當沖交易，看苗頭不對就是出掉，其實賠錢的金額有限。

## ● 看錯你是馬上離場，還是ㄍㄧㄥ到底？

當我看好一檔標的，當下我進場的時候，就是認定我買完他就會漲，如果不符預期，價格黏住或是不漲反跌，第一時間我的資金就會從這個標的撤退，承認我的判斷錯誤；但盤中的變數其實很多，很有可能這檔標的盤中走勢晃了一晃，又出大量準備創高，那這一刻我可能會再進場一次。

假設你要當沖，你的心態不該是買完股票就抱著，而是「我買到手的股票隨時都要離場」；買進的股票就是看好馬上要有波動，如果價格黏滯，看錯就是馬上離場。

## ● 當沖很危險？賠兩次我就快要不行不行了……

大部分人對當沖的既定印象都是感到害怕，是個相當高風險的股票交易方式。但事實上，初學者學習當沖交易，是非常正確的事。

首先，短線交易者都是在「追強除弱」，對個股的趨勢更有感覺；再者，每天盯盤，需要你全神貫注，也需要你能明快的下決定，將會對盤勢脈絡更有感覺。相較於做波段、長線者，他們對大盤的細微變化是無感的，可能要等到股價跌到谷底才知道要出場。

## ● 本金要很多吧？錯！我只用30萬本金做當沖

我在2019上半年獲利頗豐，除了信心大增之外，為了展示我的交易功力，我一心想要超越自己先前的隔日沖獲利紀錄。

但部位押大，就容易失控。2019的11、12月行情大好，我的心態鬆懈了，交易部位也放大了5～6倍。可能是市場要教訓我的自大，讓我遇上了不屬於自己的行情，明明選股正確，但節奏錯誤（我的紀律是早盤一弱就走，卻因此造成我連續的虧損），當時被洗得很嘔。

2019年12月中，老婆看不過去了，他認為我也在市場征戰多年，是該緩緩腳步、休息一下。她將我大部分的資金收回，只留

了30萬給我，講了一個我當時認為是冠冕堂皇的說法：「你要想想，那些想學習你交易方法的朋友，其實大部分都是小資族，努力存了些錢想在股市上有第二份收入。你應該要回到交易的初心，用當年起家翻身的金額去交易，你現在用這麼大的金額操作，小資族是無法學習、複製的，你要有本事用他們的本金來交易。」

我的「30萬資金移動式當沖」，主要是針對小資族所做的操作示範，平均每日買賣交易量約1,000～1,500萬左右。資金快速移動的目的，是為了讓資金曝險在市場時間越短越安全。

當沖交易切忌猶豫不決，只要多花一分鐘想一下，好的買賣點位往往稍縱即逝。此外，我不會同時操作1檔以上標的，每一檔做完才再做下一檔，買到不動、黏著的或反向發展的就立即砍掉出場，再快速找下一檔標的，進出自然就會快速！

做短線，你不上場試就無法知道結果，所以要勇於進場，但不要寄望每一次上場打擊都要打出全壘打；如果進場沒有把握，就先下小部位試單，做對了再開始往上加碼。

這樣的方式從今年（2020年）2/17一路做到今天。本書中將完整揭露我的賺賠紀錄，讓大家明確的理解我的交易方式真實有效，可以穩定獲利、被傳遞與複製。

## ● 當沖，就像打電動一樣，是高頻率的反射動作！

當沖交易，是個讓資金不足的人有機會累積高額報酬率的方

式 。但不可否認的，高報酬率的背後伴隨著高風險，而快速移動、不斷進出，就是降低風險的打單方法。

當沖的基本操作、概念心法，都必須固定下來，透過每天高頻率交易，操作將成為反射動作。賺錢的功夫永遠不容易、不簡單、不可能垂手可得。期許各位要用功學習、努力練習，就一定可以走到你心中理想的賺錢境界。

## ● 切忌別玩大！每月只玩30萬，賺到錢就要提領出來

操作股票，行情好時會讓人失去戒心。建議大家，當你操作順利、賺到錢的時候，記得要把賺到的錢提領出來，只用原本的本金繼續交易，這樣才不會過度擴大投入的資金，風險變高。

千萬不要在你剛要起飛、發展的時候，只因為手風順就想要用賭博押大注的做法，越下越大。這樣的做法很可能讓你一次就畢業。

我期望各位在股市能生存的長久，你就要習慣性的把賺到的錢提領出來，心境上才會越做越輕鬆，不要把賺到的錢又押回市場去。為什麼股票市場中輸家居多，就是「貪」。如果各位可以心如止水，按照紀律慢慢的操作，一定可以累積到可觀的獲利。

## ● 股票大起大落別人住套房，當沖交易你在旁邊看好戲

今年的行情不適合用大資金去搏，有如雞蛋碰石頭。這樣的行情是小資金練功的好時機，不要想著發財，要把錢收好，到明年等股市進入太平，你手邊有錢，你就敢買、敢交易。拿出一筆不影響生活的資金，與會長每天一起練功。

Part -1

【當沖交易基本知識篇】

# 第一次做當沖，
# 這些基礎知識
# 你得懂！

當沖就是「當日沖銷」，在台股操作現股當沖，不需要負擔買進個股的本金，
只需支付買進賣出股票後的價差獲利（或損失）以及交易成本。

## 1-1  股票當沖是什麼？

當沖，其實是「當日沖銷交易」的簡稱，意思是在當日買入賣出以賺取價差的短線交易方式，股票不會放到下一個交易日，因為不會花到本金，所以也有人稱之為「無本當沖」。

目前台股有兩種股票當沖交易方式，分別是現股當沖與資券當沖，而我的交易示範主要是以現股當沖當主，因為它的操作方法簡單且交易費用比較低，所以我比較推薦小資族採用。

現股當沖，就是當天買進、賣出同樣的股票，成交後按照買賣沖銷的差價做交割。本章節後續內容也主要針對現股當沖的規則、下單方法進行介紹。

會長碎碎念

當沖者就是追強除弱，當天就會把不夠強勢的部位了結，絕對不會留到收盤，也不會留到隔天！

## 1-2　現股當沖的規則與資格限制

很多人可能搞不清楚，誤以為自己開了證券戶，就可以做當沖交易。一般的證券戶，就是今日買進的股票，一定要到隔天才可以賣出，也就是說賣出時一定是有庫存持股才能賣出，如果要操作當日買賣當沖，向券商申請資格說明如下

- 開戶滿3個月（不限單一券商）

- 最近一年買賣成交筆數達10筆以上

- 超過50萬信用額度，須提供財力證明；50萬以內的信用額度，不需提供財力證明

- 當沖交易有2種方式進行，分別是「先買後賣」及「先賣後買」，除了簽署「風險預告書」、「當日沖銷契約書」之外，若涉及「先賣後買」的交易，需要再簽署一份「應付現股當沖券差借貸契約」。

- 交易額度則是因人而異，要看每個人原本帳戶的交易額度。**但當日的交易額度不可以循環使用**。交易額度的使用與計算方式說明如下：

假設有100萬元單日買賣額度，欲買進股價100元股票，理論上可以買10張，但券商會以漲停價110元作為買進額度的計算依據，以這個案例來說最多可買進的張數就會剩9張；由於**當日沖銷**

交易之反向委託金額不列入其單日買賣額度計算，也就是說賣出不會消耗額度。所以這個案例當天買賣額度的計算為：

100萬－100元×（1＋10％）×1000股×9張＝1萬，剩餘可用的當日買賣額度為1萬。

## ● 你知道嗎？幾乎90％以上的股票都可以做當沖

可做為現股當沖交易的標的包含：

● 「臺灣50指數」成分股股票、「臺灣中型100指數」成分股股票及、「富櫃五十指數」成分股股票

● 其他所有可以「融資融券」的股票

也就是說，除了被證券交易所列為處置股票不得列入現股當沖標的之外，幾乎台股90％以上的股票，都是可以做當沖的。

**會長碎碎念**　當沖在一天內完成買賣交易，盤後發生任何事件與消息都對交易者沒有影響！

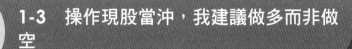

## 1-3　操作現股當沖，我建議做多而非做空

僅從交易層面去探討，由於主管單位對於提高融資比率（刺激買方）與融券保證金成數（抑制賣方）限制，做多（融資）要4成保證金，做空（融券）要9成保證金，顯然對放空者限制較多，所以在資金配置上，散戶會較傾向於做多。

此外，台股的特性是「緩漲急跌」，漲勢過程是慢慢漲、漲得久，因此可以讓較多的交易者可以參與並慢慢地思考、慢慢地進場；但台股的空方行情往往來得快、去得也快，反倒會讓人措手不及，如果下跌的第一段沒掌握到，那第二段就更加不容易下手。

因為台股有漲跌幅10％限制，上漲是越漲越多，下跌越跌越少（見下表），所以如果是想hold住部位的人，一定是想每天越賺越多，做多就會相對有利。而且，做多是風險有限，獲利無限，打個比方如果買進100萬的股票，做多是有機會賺進200萬甚至300萬，但賠光了就是輸100萬；但放空100萬的股票，最多就是賺100萬（獲利有限），但賠錢的金額卻是沒有上限（風險無限）。

| | 做多 | | 做空 | |
|---|---|---|---|---|
| 起始價格 | 10.00 | 獲利價差 | 10.00 | 獲利價差 |
| 1 | 11.00 | 1.00 | 9.00 | 1.00 |
| 2 | 12.10 | 1.10 | 8.10 | 0.90 |
| 3 | 13.31 | 1.21 | 7.29 | 0.81 |
| 4 | 14.64 | 1.33 | 6.56 | 0.73 |
| 5 | 16.11 | 1.46 | 5.90 | 0.66 |
| 6 | 17.72 | 1.61 | 5.31 | 0.59 |
| 7 | 19.49 | 1.77 | 4.78 | 0.53 |
| 8 | 21.44 | 1.95 | 4.30 | 0.48 |
| 9 | 23.58 | 2.14 | 3.87 | 0.43 |
| 10 | 25.94 | 2.36 | 3.49 | 0.39 |
| 總獲利價差 | | 15.93 | | 6.52 |

　　做空還有除權息融券強制回補等問題要考慮，也直接影響空單操作模式。諸如上述的所有問題點，造就了台股投資人偏好做多的心態。我個人也喜歡做多，因為你賺我賺他也賺，是個大家可以一起分享獲利喜悅的交易模式；而做空則是會把自己的獲利構建在其他市場上持有股票部位者的痛苦之上，我並不喜歡這樣。所以本書的交易示範，多半是以做多為主。

台股「緩漲急跌」特性：
做多漲的慢且久，做空跌的急又快。

## 1-4 要做現股當沖，得先搞懂的交割金額

台股買賣股票不需要立即交割，也就是不用在買入股票時立即付款，而是在買進股票2日後把款項補足到銀行帳戶就可以交割（T＋2日）。

所以若當日交易結束後手上沒有任何股票，就無須負擔原本買進個股的本金（交割款），只需要支付交易手續費、交易稅、以及一買一賣的交易價差（賠錢的話才要支付）。

舉例來說，做多買進一張100元的股票，當天買進後漲到103元停利出場，扣掉手續費（無折扣為0.1425％）和交易稅（0.15％），實際獲利會是：

| 項目 | | 手續費與證交稅 | 交割金額 |
|---|---|---|---|
| 現股當沖 | 現股買進 | 手續費0.1425%<br>100元×1000股×0.1425%＝142元 | （100元×1000股）＋142＝100,142 |
| | 現股賣出 | 手續費0.1425%<br>103元×1000股×0.1425%＝146元<br>證交稅0.15%<br>103元×1000股×0.15%＝154元 | （103元×1000股）－146－154＝102,700 |
| 損益 | | | 102,700－100,142＝2558 元 |

　　總之，現股當沖的交易成本加總之後約為0.435％（券商手續費沒有給折扣），若不想賺了價差卻賠了手續費，成交時要注意賺的價差是否有超過總交易成本。

　　不同於早年的「資券當沖」，需要開立「信用戶」才能進行融資買進（做多）、融券賣出（做空）的下單交易方式，「現股當沖」下單交易時主要用現股買進（做多）、沖賣賣出（做空）來進行。

| 交易方法 | 現股當沖　項目 | 資券當沖　項目 |
|---|---|---|
| | 做多：現股買進 + 現股賣出 | 作多：融資買進＋融券賣出 |
| | 做空：沖賣賣出 + 現股買進 | 作空：融券賣出＋融資買進 |

　　如果是做多（先買後賣），當天沒有賣出沖銷，將等同於是一般買進交易，要依照正常交割程序在2天後繳錢支付交割款。

　　沖賣賣出要特別留意當天一定要買回，不能留單，若股票漲停，買不回來，券商盤後會在市場上不計價格買回，所產生的費用無法估計，有相當的風險！

　　目前，現股當沖享有證交稅減半的優勢，加上操作比資券當沖更加便利簡單，所以若講到股票當沖，幾乎就都是在講現股當沖這個交易模式了。

Part -2

【當沖交易選股策略篇】

# 當沖沒有
# 你想的那麼難

當沖，是一種極短線的交易手法。如果想透過當沖獲利，在盤後選股做功課時，分析個股的Ｋ線型態（日Ｋ）至關重要，這個章節將介紹我用來篩選股票的三種姿態

## ● 3種型態,看懂看對就放進口袋名單

　　一般人聽到現股當沖,直覺的印象不外乎就是風險很高、很容易賠錢、很難學會。但如果你徹底了解當沖交易者的交易模式與心法,你一定會有所改觀。

　　**真正的當沖交易者,對價格漲跌方向不預設立場,完全根據眼前所見的市場現象做出買進賣出的判斷,並將這些步驟透過不斷的操練,內化成如同呼吸一般的自然。打個比方,這些買進賣出的操作,就像是小時候打電動玩具一樣,看到寶物要吃,見到怪物要躲,近乎直覺化的操作。**

| 一般人印象中的當沖交易 | 真正的當沖交易者 |
|---|---|
| 高頻率買進賣出 | 掌握趨勢脈動,氣勢對了,現象對了,才會進場交易。 |
| 高風險 | 嚴守交易紀律,停損即時,規避系統性風險。 |
| 好像很容易賠錢 | 分批買進策略,看對加碼,做錯離場;進退有據,抗震耐洗抱得住。 |
| 很難學會 | 進出策略簡單不複雜,難以學會的是「穩定的操作紀律」。 |
| 很少聽到人賺錢 | 心態健康積極,該賠多少心裡有底,該賺多少市場決定。 |

　　此外,台股破千檔的股票,一般散戶並不知道如何篩選股票

來做為當沖交易的標的，本章節將跟大家介紹三種我會關注的股票型態：

- 多方標準型態
- 多方連續型態
- 多方複合型態

「型態為王」是我很常強調的一句話，用肉眼遠看一個K線型態，就可以看出股價發展有其趨勢，會往哪個方向進行，背後是有個慣性在推動著。

透過這三種型態的說明，讓各位讀者明白當沖交易背後其實是有很多考量與研究，我在茫茫台股中，經年累月的交易卻能夠穩定獲利，絕對不會是亂槍打鳥、無的放矢，冒冒失失地拿自己的辛苦錢去市場上當砲灰。

會長碎碎念　當沖交易，不預設立場，一切按照市場現象進出。

## 2-1 「多方標準型態」——股價站上 5日線，準備突破前高，要衝了

給初入市場的股市小白、小資族，我會先從「做多」的角度切入，告訴大家我是如何篩選股票，將姿態好、即將蓄勢待發的標的放進我每日盤後選股的口袋清單中。

如何判斷一支個股是偏多方姿態，可以進場做多？第一步就是用肉眼觀察日線圖，將日線圖拉遠一點看，判斷K線是否呈現上升趨勢，而且股價的發展是依附著趨勢的慣性，沿著均線進行。

**均線可分為短天期均線與長天期均線，我的區分方法，短天期均線就是5、10、20日均線，長天期均線則是60、120、240日均線。其中短天期均線我只看5日線，長天期均線我只看60日線（季線）。**

我的短線交易，包含當沖、隔日沖、三日沖，以及一週沖，交易參考一定都是先看5日線，它是最近5個交易日的平均收盤價所繪製的線。如果今天最新的股價高於5日線，就代表過去5天進場的人都是賺錢的，也可以初步判斷目前短期內的趨勢是比較強的。

所以，當股價站上5日線，又有一個突破型態的K棒出現，後面往往都帶有一段漲勢；股價站上5日線不保證之後一定會漲，但上漲中的股價必然是高於5日線。

　　此外，若要做短線交易，另一個保障是要找短天期均線呈現多頭排列的股票，也就是5日均線在最上方，接續在下是10日線，再來是20日線。至於長天期均線，即使走得扭捏糾結，對極短線當沖交易影響不大，因此主要看短天期均線的走勢（圖2-1）。

圖 2-1　【日線圖觀察】股價站上翻揚 5 日線對短線交易最重要

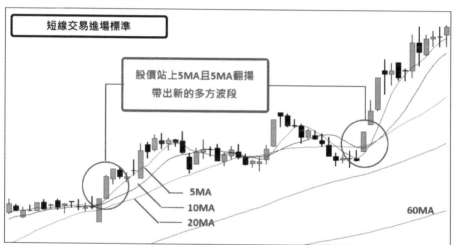

　　雖可忽略長天期均線，但長天期均線的分布位置必須在5日均線之下，若在5日線之上，我會稱之為「蓋頭反壓」。一支股票如果股價上方一堆長天期均線壓著，要漲也不容易，所以盡可能避開這樣的標的（圖2-2）。

　　長天期均線之首的季線，是我所謂的「股價生命線」，當一支股票的短天期均線糾結，60MA的表現就很重要。如果60MA還在上揚階段，通常價格跌破都還會反彈；但如果價格反彈失敗導致60MA下彎，股價就會開始走弱、走空（圖2-3）。

圖 2-2 【日線圖觀察】避開長天期均線在 5 日均線之上的標的

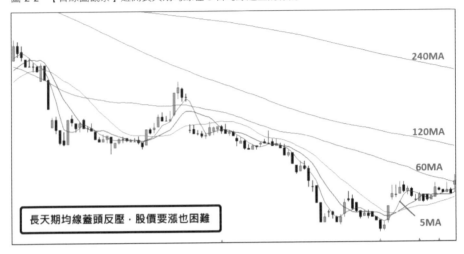

圖 2-3 【日線圖觀察】翻揚的 60MA，對股價有支撐意義

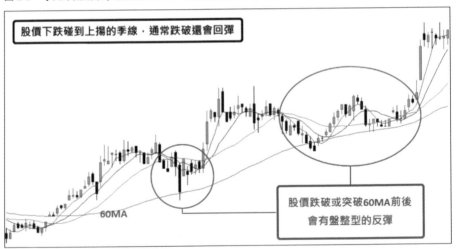

　　圖2-4中，上漲之後的整理階段，價格破5日線，後續是漲是跌無從知道，此時唯一能做就是基本的防守，破5日線就先離場；直到股價重新站上5日線，且5日線翻揚，下方的60日均線也在翻揚。這樣的多方型態，進場做多就會比較容易。

　　圖2-4就是我所謂的「多方標準型態」，之所以稱之為標準型態，因為這樣的型態是我心中認定的「標準美女標的」，看到這樣的型態就像見到美女一樣，就是要用力追求。

圖 2-4　【日線圖觀察】60MA 翻揚 ＋ 5MA 翻揚＝進場做多的雙重保障

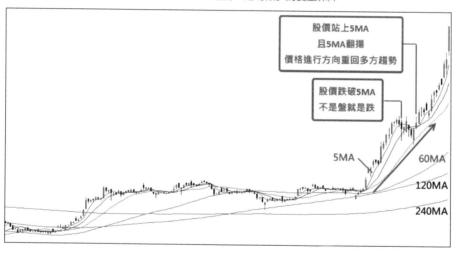

　　綜合前面所有的說明，我所偏好的當沖標的，必須是短線、中線、長線都站在多方這一邊，我才要進場，也只有在這樣的背景條件下做多，壓力才會比較小。

　　我所謂的「多方標準型態」須符合以下幾個條件：

| 「多方標準型態」的符合條件 |
| --- |
| * K線呈現多方趨勢（短天期均線多頭排列 & 60MA上揚） |
| * K棒A收盤價站上5日線（短期趨勢偏多） |
| * 準備突破前高<br>左方K棒X有高點，經過一段下跌修正，股價重新向上轉強，再次接近前高並且有機會突破（K棒A與K棒X兩者的收盤價價差在10%漲幅之內，可視為準備突破前高X：隔日K棒B也確實成為突破盤整的第一支紅K）。 |

圖 2-5　【日線圖觀察】多方標準型態

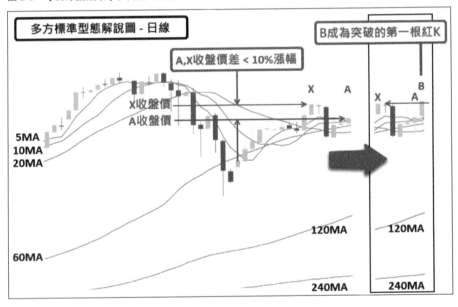

## 2-2 「多方連續型態」──跳空開高氣勢強，買高賣更高，超棒的

多方連續型態，是一個連續創造新高價的型態。進入連續型態的標的，當日開盤最好是跳空開高，顯示出買氣強勢。為什麼會加上一個帶跳空走高的條件，是因為許多昨天創新高的股票，若隔天不帶跳空，很容易反殺一根長黑，所以額外加一個帶跳空的條件，讓之後的做多操作加添信心。

簡單來說，我會選進的股票就是昨日剛創新高價，今天預期會繼續走強、再創新高。我對多方連續型態的定義如下圖所示：

圖 2-6 【日線圖觀察】多方連續型態＝連續創造新高價的型態

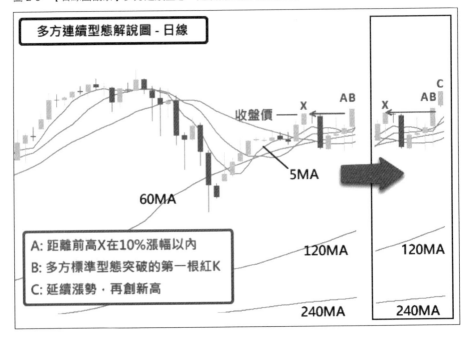

| 「多方連續型態」的符合條件 |
| --- |
| 延續多方標準型態的走勢，且收盤價一直維持在5日線之上。 |
| （昨日）K棒B是「多方標準型態突破的第一根紅K」，創新高。 |
| （今日）K棒C開盤跳空開高（氣勢強）；可找機會再進場，若收盤再創新高，明日可以續盯。 |

初次接觸當沖交易的人可能會質疑昨天創高的股票，怎麼知道這邊不是最高點？怎麼知道今天進場買進後，買完會不會跌下來？

出入市場的散戶往往會預設立場，心中充斥諸多揣測與擔心，就不敢追高買進。但其實只要堅守操作準則（跌破前一天收盤價，就出場），重新站上買進條件再買回，照這樣的方式貫徹紀律且反覆執行，就能一直操作、一直抱住，不斷參與上漲氣勢行情，卻又可以規避可能的反向急跌行情。

**會長碎碎念**

**做股票就是要追高，追高不是錯，錯誤的是「當你追錯了卻不知道要停損」。**

## 2-3 「複合型態」──站在翻揚的5日線之上，持續乘風破浪，大賺了

無論是多方標準型態或多方連續型態，共同條件就是「價格必須站上5日均線，且5日均線翻揚」，所以只要股價不跌落5日均線，導致5日均線下彎，就可以持續關注。

複合型態，就是創新高之後的回檔不多且沒有跌破5日均線，股價依舊在距離前高10％漲幅之內，這樣的條件等於重新醞釀出一個新的「多方標準型態」，接下來當然就是找機會進場做多！

下圖範例會詳細說明一檔個股，我是如何接續性的以不同型態的角度去交易操作。

圖 2-7 　【日線圖觀察】股價在 5 日均線上，可持續觀察，重複操作

| K棒 | 型態 | 說明 |
|---|---|---|
| A | 多方標準型態成形 | * 形成止跌K（參閱Part 6-1）且收盤價重新站上5MA。<br>* 收盤價1200距離前高（X收盤價1275）價差在10%漲幅內＝多方標準型態成形。 |
| B | 標準型態第一根紅K突破 | * 開盤跳空1210，氣勢好；<br>* 收盤價1280創高＝成功的標準型態第一根紅K突破。 |
| C | 成功的連續型態 | * 前一天創高，今天開盤跳空1305，符合連續型態的氣勢；<br>* 下方有長下影線，一度跌破昨天收盤價，前一天有留單者應按照紀律出場；<br>* 今日新進場的人，站上開盤價才有買進的道理；<br>* 之後股價要站上早盤高點，延續的力道才能走出趨勢盤；<br>* C收盤創新高1365＝成功的連續型態。 |
| D | 連續型態被破壞 | * 跳空開低1330，連續型態被破壞。<br>* D收盤1300，但股價還在翻揚5日線之上，有維持住短期多方的型態，可伺機尋找買點進場。 |
| E | 多方標準型態成形 | * 經過D的下跌整理，E收紅K且再度形成標準型態，E收盤價1325離前高（C收盤價1365）價差在10%漲幅內＝多方標準型態成形。 |
| F | 標準型態第一根紅K突破 | * 跳空開低1305，但走高，沿路突破了開盤價，也突破了E收盤價1325，<br>* 收盤創新高1370＝成功的標準型態第一根紅K突破，也維持住均線翻揚的型態。 |

| | | |
|---|---|---|
| G | 成功的連續型態 | * 前一天創高，今天開盤跳空1410，符合連續型態的氣勢；<br>* 今日新進場的人，站上開盤價才有買進的道理；<br>* 之後股價要站上早盤高點，延續的力道才能走出趨勢盤；<br>* 維持操作紀律重複的買進賣出，才有機會參與到 K棒G的噴出。<br>* **G收盤創新高1470＝成功的連續型態。** |

　　我將型態選股的概念寫在最前面，就是希望扭轉大部分人對當沖交易的刻板印象、破除一般散戶對當沖交易的成見，讓有緣翻看此書的人能夠了解我的當沖交易是順勢而為、進退有據，讓資金運作有效率的交易方式。也唯有先扭轉一般人對當沖既定的看法，我也才能進一步的將我的當沖交易精髓娓娓道來。

會長碎碎念

**極短線當沖要怎麼在一支股票獲利? 就是要「重複買進賣出」。**

> ## 當沖小教室： 為什麼股價站上 5 日均線這麼重要？

　　一支股票的短線氣勢強，股價就會沿著5日均線攀升；當股價漲到一個程度，要開始回落，第一步也就必須跌破5日線。一個上升趨勢的個股，只要股價跌破5日均線，就代表短期走弱，不管整體上升趨勢再怎麼強，短期就是要陷入整理。所以當沖（極短線）作多的人，以日線格局的K線圖，就是以5日均線去做防守。

　　這也正是我常在講的兩個口訣：「股價跌破5日線，不是盤就是跌」、「若5日線下彎，更應該要出場」。

圖 2-8 【日線圖觀察】股價跌破 5 日均線（5MA），不是盤就是跌

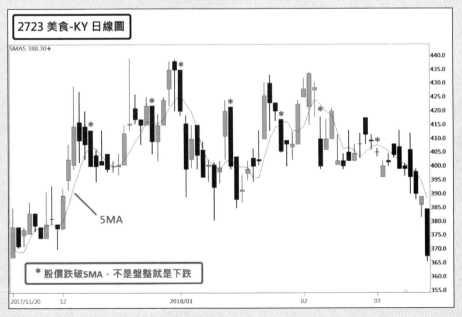

圖 2-9 　【日線圖觀察】股價跌破 5MA 且 5MA 下彎沒有下彎，無進場做多，不是盤就是跌

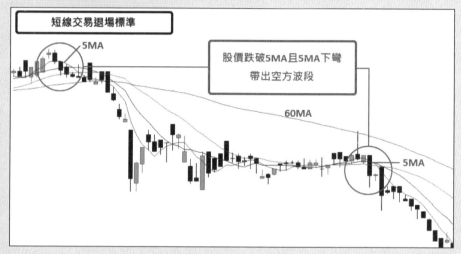

　　當股價陷入盤整區間，我盡量不去操作，因為資金會卡在這樣的行情中，對極短線交易的我來說，這只會讓資金運用失去效率。

　　很多散戶會選擇所謂「打底完成正準備上攻」的股票，我認為這是在猜測，並且就我的經驗而言，這些缺乏依據的猜測往往都是賠錢收場。

　　我的做法是盡可能不去猜測，只透過K棒表現，慢慢地觀察，就是很單純地只操作「趨勢很明確」的型態，根據現象操作才是正確的做法。

　　圖2-10是大部分散戶認定的「打底完成」，準備逢低進場承接；結果後續的發展卻是股價繼續滑落（圖2-11）。

圖 2-10 【日線圖觀察】散戶猜測的打底完成

圖 2-11 【日線圖觀察】長天期均線呈現空頭排列，屬空方型態標的，不做多

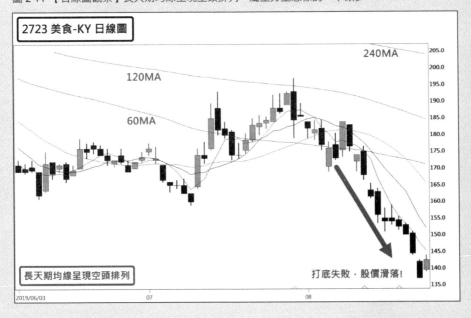

Part -3

【當沖交易防守操作篇】

# 當沖者，
# 停損像呼吸一般自然

我的盤中交易策略是突破進場，著重股價上漲的氣勢，如果買進後，走勢反向跌破預設的停損點，或是價格黏滯不動，都要當機立斷，即時停損！

## ● 如果你無法接受停損，就別進入股市……

交易都先想到「該怎麼輸」，時間久了你就不會輸。股市新手，進入股市第一件事是你要學會如何停損，第二你要學會判斷趨勢。

如果你無法接受先學停損，無法接受買股票會賠錢的，我建議你不要進入股市。所有的交易都是在錯誤中學習，所有人也都是在逆境中才會成長。股市高手沒有任何一個是沒有倒過的；唯有倒過、痛過，才會很認真去檢討自己為什麼輸，才會去改變自己的做法慢慢走向賺錢之路。

**短線交易提供你不斷上戰場練習紀律的機會，兵法云：「善敗者終勝」，一個能不斷上場征戰又能存活的交易者，一定強過那些只能紙上談兵的專家。如果書讀的多就能賺大錢，那最高學府的教授們應該早就賺的盆滿缽滿。**

**做任何事都要先想到最壞的狀況，當我進場買進一張股票，我一定先想我最大的停損點、容忍範圍在哪裡？因為我知道如果超出這個容忍範圍，我將會失控。**

假設你有100萬的資金，你一天能夠承受的損失就是2萬，超過這個金額你的心情會起伏、打罵小孩、遷怒老婆，只要會讓你的心情受到影響，就是要努力不賠超過這個範圍。

每個人進場都想贏，但真的能贏到最後的又有幾個？在進場前先模擬好要賠多少錢，進場後就按照市場反應的現象進行交

易,停損的點位到了我就賣,掌握這樣的心理往往才不會輸大錢;至於要賺多少,則是由市場來告訴你。

## ● 就算只有5成勝率,掌握賺多賠少就會是贏家

一個成功的短線交易者,其實勝敗機率參半,但每一次出手都要力求輸小錢贏大錢。

每天出手100筆,可能有1/2是賠錢的單子,但另外一半賺錢的單子一定可以弭平這些虧損,這才是一個短線交易者的正確樣貌。

交易市場,沒有什麼高深莫測的功夫。唯一的關鍵,就是能否將停損的機制練習到爐火純青,如同呼吸一樣自然。這一步練好了,才有資格跟別人說,我在股市做短線,而且已經慢慢成為贏家。

短線交易的正確心態不在於「很好賺、賺很快」,而是在於停損紀律的掌控。全世界最難的交易就是短線交易,你在短線能練就停損的功夫,長線自然就不會輸。而短線交易中最難的就是當沖交易,如果長期的當沖交易勝率平均下來是贏的,那你做任何一種交易都不會輸!

### ● 做股票追高不是錯，追錯了不停損才叫錯

做短線交易者，只管做「對的動作」，按照現象進出，不要去管損益，不要去管價格。唯有如此，才能穩定的獲利。很多人設定一天一定要賺到3萬，第一檔標的賺了5,000元，卻選擇再等一下，後來被吃回去變成沒賺；或是第一筆單虧損，就急急忙忙一直想要翻本，這樣的心態都是不對的，因為損益已經影響了你的心態，阻礙你做出「對的動作」。

股票還在手上的時候，你該看的是現象，然後照紀律進出，只管做對的動作，盤中就是這樣一路操作下去，股票出掉或是收盤之後再來檢討就好，這樣的心態一定要持續鍛鍊！

做股票就是要追高，追高不是錯，錯誤的是當你追錯了卻不知道要停損，那才叫做錯！ 所以，只要把停損練好，什麼股票你都會敢買！

### ● 極短線當沖要怎樣在一支股票獲利？就是要「重複進出」！

再來，要把價位忘掉，只要股價續強，繼續操作就對了。打個比方，一檔你早盤賣在61元的股票，中盤現在轉強來到62，你當然不想買，但必須克服這樣的心態。

　　看到弱就賣掉，看到轉強再買一次；噴出後價格停滯賣掉，之後若過高再買回來，就是這樣簡單幾句話的操作邏輯而已。想像一個波段的漲幅就好比吃一條魚，我不可能整條魚從頭吃到尾，魚頭魚尾給別人吃就好，但至少魚身的肉我可以一直夾來吃呀！

## ● 短線交易，有賺就走，跌破防守點也要走

　　我一天交易10檔以上個股，挑選的都是「趨勢明確＋當下強勢」；而交易這麼多檔股票的原因，是為了要分散每筆交易的損益，保有敗部復活的機會，我追求的不是賺大錢，我追求的是「每天都能穩定的獲利」。當沖交易，每天都有交易機會，不需要去懊惱賣太早、買太少，有賺就走，再找下一支標的就好。

　　30萬資金，不要想賺大錢，就是每天撿撿小錢就好。我每天設定的目標是賺1～3萬，以我平均交易10～15檔，平均一檔分攤的收益就是2,000，但反過來賠也是賠2,000，這是一體兩面的道理。新手的出手次數無法達到像我這麼頻繁，我建議設定單日目標賺3,000-10,000元即可。倘若你跟我設定一樣的目標，卻設定出手一檔股票就要賺到3萬，想要一檔賺3萬也代表一檔有賠3萬的風險。一樣的獲利目標，出手少代表損益波動大，這務必要謹記。

　　停損的決定，根據K線型態、目前手上是否有部位、進場後打算當沖還是留單隔日沖會有不同的考量。

　　我的交易模式，進場前都是觀察日Ｋ，進場後可用分鐘Ｋ或是即時走勢作為防守，以下先將我慣用的所有停損方法列出，本章節會再以範例去說明概念與操作細節。

| 防守法 | 適用狀況 | 備註 |
|---|---|---|
| 即時走勢均價線 | *當日進場的當沖者。<br>*前一天留單者想隔日沖。 | 會長常用的最後的防線#1 |
| 即時走勢當日開盤價 | *當日進場者（當沖者、留單者）。 | 會長常用的最後的防線#2 |
| 左邊K棒收盤價 | *當日進場的當沖者。<br><br>*前一天留單者想隔日沖（連續型態），以前一天K棒收盤價防守。 | |
| 即時走勢前低 | *當日打算留單者（隔日沖），通常進場在中盤之後，觀察低點有墊高趨勢。 | |
| 即時走勢前高 | *當日進場的當沖者。 | |

會長碎碎念　　**當沖交易的決勝關鍵，「停損即時」。**

8:00pm
疫情不斷升溫，台股恐怕不保...

1

10:00pm
中國市場供貨斷鏈美股大跳水...

2

10:00pm
我的媽呀！
我今早套牢還沒解套出場耶...

3

4

當台股短線乖離過大，
或是美股恐慌性跳水，
會是國安基金的進場時
機。觀察國安基金進場
的反彈點，容易出現
6~10%的一日反彈行情

## 3-1 「均價線」防守法，跌破一定要出場

　　進場以後，隨著即時走勢的推進，又該如何決定停損？最簡單、適合所有人的方式，就是「跌破均價線出場」。當價格跌到均價線以下的意義，代表當天買進的人全部都被套牢。挑一個「多方連續型態」標的來說明，記得回顧一下Part 2的內容，溫故知新。

圖 3-1 　【日線圖觀察】多方連續型態，持續觀察、進出操作

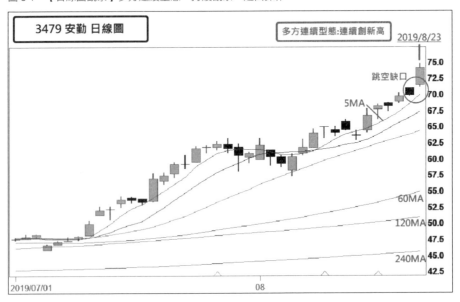

圖 3-2 【即時走勢圖觀察】多方連續型態的標的，開盤帶跳空（氣勢好）以均價線防守

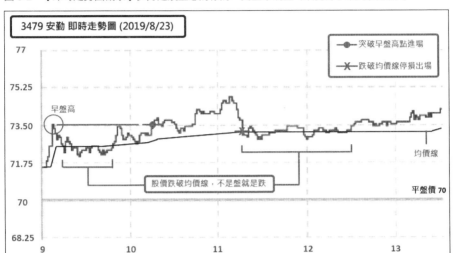

| 2019/8/23的當日即時走勢 | |
|---|---|
| 前一日（8/22）收盤 | 收盤價 70.0 |
| 早盤<br>9:00-9:59 | 跳空開高71.5，9:30前就創了早盤高點73.5，之後拉回整理橫盤，不管你是在上升區段的哪個價位買進，跌破均價線就是先賣出，與其承擔之後可能連續下跌的風險，倒不如嚴守紀律、按照現象出場。 |
| 中盤<br>10:00-12:14 | 10:00過後股價突破早上高點73.5買進；觀察轉折低點有逐漸墊高，且不破均價線，盤中最高漲至74.9。 |
| 尾盤<br>12:15-13:24 | 個股範例當天雖然幾次在均價線附近盤整，但最後的收盤價並沒有跌破均價線，且拉開一定距離，還是可判定在多方進行中。因此留單隔天可以用今日均價線做防守。若隔天價格把今日的均價線跌破，就代表今天一天的人全部都被套牢，此時就會出現賣壓，因為套牢的人會想賣。 |

| 理想買點 | 開高壓回整理後，價格回漲突破開盤價或早盤高點，是理想買點。 |
|---|---|
| 停損原則 | 任何時候跌破均價線都是先走。 |

　　合理的分析，股市的作手如果有意要護盤、拉抬一支股票，他的企圖就是得將股價拉回均價線之上；如果股價跌破均價線，又站不回均價線，留著這樣的股票，很有機會不是盤整就是下跌。

　　我給大家另一個要謹記在心的口訣：「股價即時走勢，只要盤中跌破均價線，不是盤就是跌。」跌破均價線，在極短線的交易立場，就是出場時機，站上均價線，才有做多的道理，再考慮是否買回。

即時走勢圖的均價線，盤中只要跌破，不是盤就是跌！

9月開始有秋天的FU了...

10月。祝中華民國萬歲!!

希望我的收獲也可以很豐厚喔

每年9月與10月最容易被出貨，投資人須特別小心

## 3-2 「開盤價」防守法，股票只能在開盤價之上買進

　　當日要買進股票，第一個判斷進場與否的依據，就是以開盤價為基準。大部分的股票，開盤之後可能就會反折，很多人常問我，以當沖立場，什麼時候可以判斷一檔股票是強勢，什麼時候可以追？我認為，一個是開盤直接跳空走高，另一個就是當股價壓回整理後能再次突破開盤價，這兩者都是代表強勢。

　　所以，若以即時走勢的觀點，以守為攻的第一步，價格一定要在開盤價以上才有進場做多的道理。相反的，若價格跌破開盤價，也就代表氣勢不如預期，先出場為上策。

　　圖3-3範例是2377微星，2019/1/18 K棒A收盤價為78.7，距離挑戰前高K棒X收盤價79.4 只剩一步之遙（1%左右的漲幅即可突破），且當時股價型態是5MA、60MA都有向上翻揚的趨勢，研判下一個交易日可能延續這股漲勢，所以我將進場做多。

　　隔日開盤後我都會先觀察，一定要等到價格整理過後，有氣勢、有企圖準備突破前高，我才會準備買進。如同圖3-4的即時走勢，開盤80.7之後拉高0.5元就跌下來，接著就是要等著看，是否有機會壓回整理再回到開盤價之上，要買再進去買。

　　盤中選股看到這類價格還在開盤價之下的股票，連理都不想理、買都不想買，也算是一種防守方式。

圖 3-3 【日線圖觀察】多方標準型態的標的，準備突破前高（5MA、60MA 有上揚趨勢）

圖 3-4 【即時走勢圖觀察】開高壓回後，未再站回開盤價，氣勢轉弱

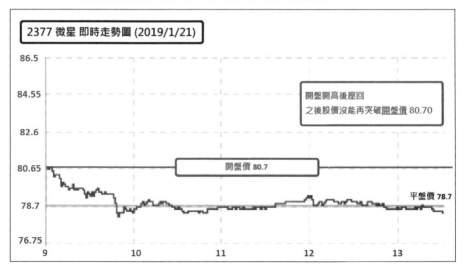

| 2019/1/21的當日即時走勢 | |
| --- | --- |
| 前一日A（1/18）收盤 | 收盤價78.7 |
| 早盤9:00-9:59 | 跳空開高80.7，又衝高創當日最高81.2後壓回跌破80.7（若手上有單，照紀律要出場）；之後一路下跌，10點前就已經跌破平盤價78.7。 |
| 中盤10:00-12:14 | 股價跌至平盤價之下，雖然之後有重新站上平盤價，但價格黏滯78.7上下徘徊。收盤前跌破平盤價，最後收低。 |
| 尾盤12:15-13:24 | |
| 理想買點 | 開高壓回整理後，價格回漲突破開盤價或早盤高點，才是理想買點。 |
| 停損原則 | * 買進後價格黏滯，就該停損<br>* 若是以突破開盤價買進，就是以開盤價防守。 |

進場當沖股票，一定要買在當日開盤價之上！

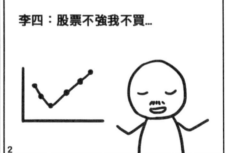

股票市場股價換手很正常，不要因為股價高就不敢買，若是買氣減弱，主力也會不願意發動。注意好停損紀律即可。

## 3-3 「左邊K棒」防守法，突破壓力變支撐

　　要操作型態不好的個股，買進前心中一定要有個防守點，而這個防守價位就來自於日線圖的左邊K棒。左邊K棒的收盤價，雖然是過去式，但這些收盤價都代表過去每一天多空交戰的最終結局，在每日的盤中交易，其實是相當具有指標性的參考價值。

　　左邊K棒的收盤價格，在突破之前都是壓力，但價格站上之後就成為支撐；倘若價格無法繼續往上發展，回頭又跌破支撐就要開始留意價格轉弱。以下這個案例，除了K棒W收盤價是多方標準型態要挑戰的前高，在10％漲幅範圍內，還有好幾根K棒的收盤價是上漲過程中必須要突破且站上的價位。

圖 3-5 【日線圖觀察】多方標準型態的標的，準備突破前高（5MA、60MA 有上揚）

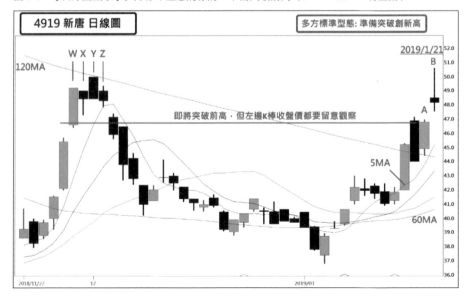

圖 3-6　【即時走勢圖觀察】左邊 K 棒支撐價位跌破離場

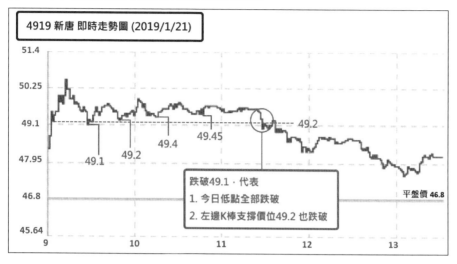

| K棒 | 左邊K棒 | | | | 多方標準型態，但未能成為突破盤整第一根 |
| :---: | :---: | :---: | :---: | :---: | :---: |
| | W | X | Y | Z | B（2019/01/21） |
| 開盤價 | 46.6 | 49 | 50 | 49 | 48.5 |
| 最高價 | 49.2 | 49 | 50 | 49.35 | 50.6 |
| 最低價 | 46.4 | 47.3 | 48.45 | 47.85 | 47.55 |
| 收盤價 | 49.2 | 48.45 | 48.45 | 48.3 | 48.15 |

| K棒B的即時走勢 | |
| --- | --- |
| 前一日A（1/18）收盤 | 收盤價 46.8（支撐價） |
| 左邊K棒W收盤價 | 收盤價 49.2 |
| 早盤9:00-9:59 | 跳空開高48.5，直接超越X,Y,Z 這3根K棒的收盤價；9:10 即突破左邊K棒壓力價49.2，49.2成為新的支撐價；9:30前衝高至本日最高50.6；9:30 左右跌至49.1（照紀律應出場）。 |
| 中盤10:00-12:14 | 11 點前的低點都未跌破49.2；11:30 價格跌破49.20（此時一定要出場）。 |
| 尾盤12:15-13:24 | 價格未再站回49.2，一路盤跌至當日最低47.55。 |
| 理想買點 | 開高壓回整理後，價格回漲突破開盤價或早上高點，是理想買點。 |
| 停損原則 | ＊左邊K棒支撐價位跌破離場。 |

下一個案例標的是多方連續型態，卻是一個短線多頭急速回檔的案例。從日線圖來看，要留意的左邊K棒價格有：

- 左邊K棒B的收盤價148.5，是支撐價位；
- 左邊K棒A的收盤價150.5，是壓力價位；
- 左邊K棒A的最高價151.0，是突破價位。

圖 3-7 【日線圖觀察】左邊 K 棒找尋壓力與防守價位

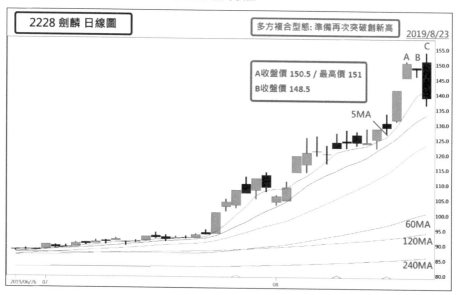

圖 3-8 【即時走勢圖觀察】參考左邊 K 棒壓力與支撐價位，是「做錯出場」的依據

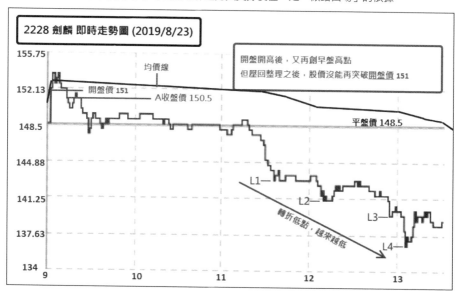

| K棒C的即時走勢 | |
| --- | --- |
| 前一日B（8/22）收盤 | 收盤價 148.5 |
| 左邊K棒A關鍵價格 | 收盤價 150.5 / 最高價 151 |
| 早盤9:00-9:59 | 開盤151是直接突破K棒（A）收盤價，這個過高對短線交易者來說，是一個會想買進的時機。之後拉高到153.5壓回152.5（未跌破開盤價151，不停損），但再拉高一次後就直接跌破均價線，也跌破了151這個支撐來到150。 |
| 中盤10:00-12:14 | 11 點前在平盤價附近打轉，11:30跌破盤整低點之後就一路下跌，且不斷創新低（一底比一底低），直到尾盤才又稍微拉回。 |
| 尾盤12:15-13:24 | |
| 理想買點 | 開高壓回整理後，價格回漲突破開盤價或早盤高點，是理想買點。 |
| 停損原則 | 早盤的方向做錯，價格一路跌破均價線、跌破左邊K棒的突破與支撐，甚至跌到平盤價格附近整理後又下探，造成宣洩式的賣壓湧現。做錯離場一定要即時，這個範例下跌過程中經歷了好幾個明確的停損點，千萬不可一再錯過機會拗單到尾盤。幾個停損點選擇：<br>*早盤跌破均價線離場。<br>* K棒A最高價151，突破後又跌破，也是一個離場訊號。<br>*左邊K棒A收盤價150.5，突破後又跌破就離場。<br>*平盤價是最後一道防線，跌破148.5一定要走。 |

　　買進一檔股票後，千萬記住何時是一定要承認方向錯誤，一定要離場的時機？以劍麟2228這檔股票為例：

● 連續跌破兩根左邊K棒的收盤價，一定要走。（左邊K棒A收盤價150.5，左邊K棒B收盤價148.5。）

● 走勢圖也是反映一個氣勢，轉折點一個比一個低，就絕對不能再拗單。

● 無論如何，平盤價（昨日收盤價）是最後一道防線。造成宣洩式的賣壓，就是因為跌破平盤價！

● 本範例是一個多方連續型態的標的，對於左邊K棒的價位要特別注意，尤其是在開盤的時候，開盤最容易騙人，拐人進場後拉高一下就開始出貨。「做錯離場」這個動作，務必貫徹就是早上9:00～9:30，主力很常在早盤用假突破，然後一次倒灌到底。停損要即時，尤其在早盤，千萬不要怕被洗，即時賣掉都是小輸而已。

## 3-4 「前一個轉折低點」防守法，跌破前低漲勢轉弱

　　同樣以3479在2019/8/23即時走勢圖為例（日線圖請參照圖3-1），當日在創高H2之後的轉折低點L2（接近均價線但沒有跌破），以及往前尋找前高H1之後的轉折低點L1（盤整區間的低點），L2高過L1，且之後依序出現的轉折低點L4＞L3＞L2＞L1。我們可以歸納出一個結論，每一次創新高後的轉折低點（最近的低點），與前高的拉回轉折低點，呈現一底比一底高的現象，可研判這是一個上升走勢。

圖 3-9 　【即時走勢圖觀察】10:00 過後均價線未被跌破，且轉折低點逐步墊高

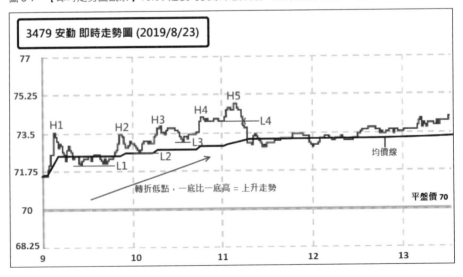

　　而且，盤中每次突破前高的點位，都是可以進場或加碼買進的時機。本示範案例盤中停損/獲利出場的策略為何？答案是，創高後只要跌破前低，漲勢轉弱就要走！所以本示範案例所有早上的當沖部位最後出場點，是在當日新高H5之後，跌破L4（H4之後的轉折低點）停利出場。

　　盤中「以前低防守」策略，主要是適合留單交易者。留單交易比較不躁進，只要價格順順的、逐步的往上墊高，就可以期待趨勢延續至下一個交易日開高獲利了結。低點一底比一底高，就是趨勢向上的最好證明。

　　（圖3-10）要注意低點的判讀，是創高之後壓回再轉折向上的價位，創高H2之後的轉折低點是L2，L2>L1，所以是向上趨勢。H2之後的高點都未創高，所以X就不能當作是一個轉折低點，要等到H3出現，其後的L3才符合轉折低點的認定。（圖3-11）如果低點不能延續墊高，前低L2被跌破，那就是趨勢轉弱，S點位也就是必須停損出場的時候。

圖 3-10　留單交易者交易心態

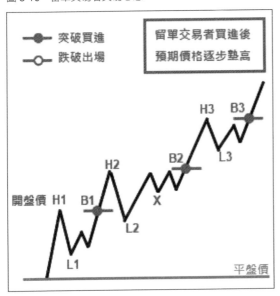

圖 3-11　留單交易者防守原則

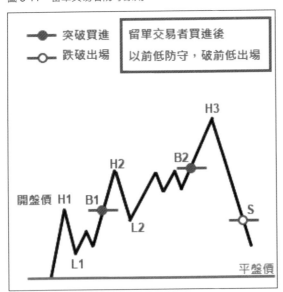

## ● 補充教學：5分K線圖、即時走勢圖輔助判斷

　　盤中交易我多半只看即時走勢圖，協助我判斷當沖、留單隔日沖要注意的點位。即時走勢只要有成交就會將價格呈現，價格反應的速度比分鐘K線圖還要更快，因為我只做極短線（當沖、隔日沖），所以我個人習慣只看即時走勢圖。

　　但如果習慣看5分K線圖的人，即時走勢圖可以輔助你做進出點位的判斷。

　　下圖（3-13）範例5分K線圖中，K棒A收盤價跌破5MA且5MA走平，當下你可能會有所疑慮，那就可以切換圖3-12到即時走勢做個比對與確認。K棒A對應即時走勢圖的相對位置，並未跌破走勢圖中的前低，加上5MA其實也沒有下彎，所以整體評估看來，若手上有部位是可以續抱的。

圖 3-12　6565 GIS-KY 即時走勢圖

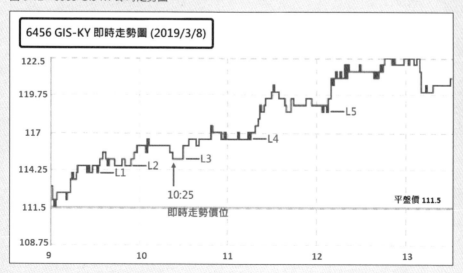

圖 3-13　6565 GIS-KY 5 分 K 線圖

星期一：受疫情影響美股大跌...

MON

大課堂

1

星期二：台股開盤不妙...巳跌150點...

TUE

大課堂

2

3

星期三：XX 股逆勢反彈，
重新創新高...
我到底何時才能進場？T_____T

WED

大課堂

4

當紀律練成反射動作
時，就沒有行情好做
、難做的問題！

## 3-5 「前一個高點」防守法，苗頭不對快進快出

　　以當沖者的心態來說，看好一檔個股買進，希望看到的就是很快拉出價差，再很快順應盤勢停利出場。但如果買進後價格黏滯，看似有原地踏步的跡象，跌破前高就離場會是比較積極的操作心態，一方面可以避免看錯，另一方面也可以減少在市場上的曝險時間，並讓資金快速流動到其他口袋名單標的。

　　這樣的操作心態與進出場控制，與買進後打算留單的人，是很不一樣的。但操作風格本就因人而異，本節介紹的所有案例，若以前高作為防守，某些案例會有不同的結果，讀者朋友可以自行比對體會。

圖 3-14　當沖交易者心態與防守原則

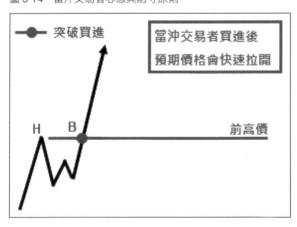

圖 3-15　當沖交易者心態與防守原則

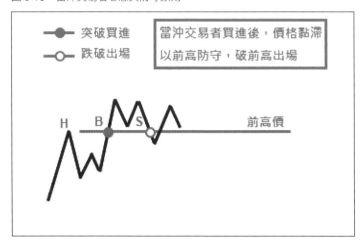

以下範例圖3-16一個準備突破前高但挑戰失敗的案例。

圖 3-16　【日線圖觀察】多方標準型態標的，股價在 5MA 上，準備創新高

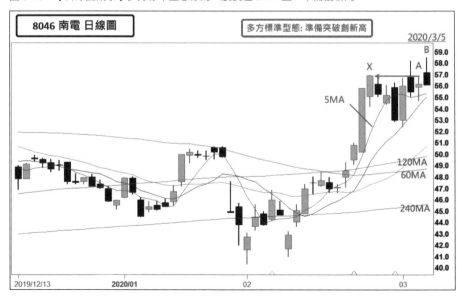

圖 3-17 【即時走勢圖觀察】突破前高買進，跌破前高賣出

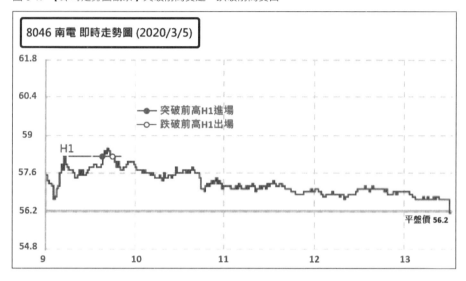

| K棒B的即時走勢 | |
| --- | --- |
| K棒X（2/24）收盤價 | 收盤價 56.90 |
| 前一日A（3/4）收盤價 | 收盤價 56.20 |
| 早盤9:00-9:59 | 跳空開高57.2，壓回56.6，9:13創新高H1＝58.3；之後壓回盤整直到9:41創當日最高58.5，之後就開始回落並跌破前高58.3。 |
| 中盤10:00-12:14 | 之後一路盤跌到尾盤，收在56.1。 |
| 尾盤12:15-13:24 | |
| 理想買點 | 開高壓回整理後，價格回漲突破開盤價或早上高點，是理想買點。 |
| 停損原則 | *過前高後以前高防守。 |

　　趨勢交易就是看一個方向性，很多時候趨勢的方向性都是一眼可以判斷的；但往往都是因為「你不想賠」，不願意承認自己正在「逆勢而為」或是想要少賠。

　　股票被套牢，人在第一階段的反應都會自我安慰：「沒關係，我才不躁進，不要像會長這樣頻繁的進進出出，被洗手續費，我手上的標的通常都會反彈上去……。」運氣好的時候可能被你矇到一兩次，但更多時候這些狀況都會與你的期待相反。

　　虧損的第一階段，總是告訴自己只是小賠，不要這麼敏感。虧損來到第二階段，股價繼續下挫，你會嚇到，心中的念頭就變成「市場之神啊，憐憫我吧，好歹拉回一點，只要讓我少賠一點我就賣」，但盤勢又繼續向下。到了第三階段，你會跌到受不了，大刀一揮砍掉，卻發現砍在最低點，股價轉身向上、急漲直噴……。

　　這樣的故事，是否感到熟悉？

　　所以，「停損即時」就是要告訴各位嚴守交易紀律，第一時間就要走。我常講的另一句順口溜：「小輸不輸，後面強盜跟著來」，就是想傳達這樣的理解給各位。

　　沒有人可以鐵口直斷大盤盤勢，如果他可以，他就是騙子。即使我有超過25年的股市經驗，我也沒辦法100％打包票明日市場的走勢。短線交易者能做的，就是按照眼前所見的現象去推演，快速的做出反應與決定。

　　當盤勢不穩的時候，停損難道不該要更嚴格？我寧可沒有賺到，但我一定不要大賠！ 我的資金就是要留著，等待最佳時機，

有更高的把握我才進場，當機會來臨，適合我的盤勢出現，可能一個月可以賺足一年的獲利！

　　相反的，如果因為停損不及被套牢，還滿倉部位，當好時機來臨，你根本沒有心情去關注市場，也沒有錢可以進場加碼；此外，你手上這些滿倉部位的股票可能也不是未來要往上攻擊主流股。

　　所以，停損後千萬不要覺得賣錯、賣掉而感到可惜。就算賣掉時心裡覺得這股票明明就很強，只是破一下我預設的出場點，我真的要賣嗎？但你如何知道他下一段會漲？

## Part -4

【當沖交易部位控制篇】

# 試單先行，做對加碼

交易部位的大小會直接影響交易心理與停損機制，並不是部位押的大，就會賺得多。重倉買進也有大賠的風險，沒有計畫、沒有道理的拚搏會讓交易失控，資金元氣大傷。

**4-1 「從日線圖看」 資金重押，
盤整震盪哀哀叫**

● 心態有問題，停損機制就會失控

　　同樣做多一支股票，為什麼別人賺錢，你卻會賠錢？短線交易者會在作戰過程中失控的原因，主要都是部位過度放大。

　　我前10年的交易經驗，年輕氣盛比較衝動，我歸納出失控的兩種情境，第一種是前段時間操作賺到錢，錢多有膽就想跟市場拚搏，加上對自己停損的速度有信心，不相信市場有這個能耐把這些錢都咬回去。錯！當你抱著前面有賺到錢而不怕輸的心態進入市場，你的停損機制一定會出問題，你的心態打從一開始就是錯的。

● 賠錢之後，切忌孤注一擲、重倉加碼

　　第二種情境就是閩南語說的「賭輸搏大」，賭輸了想翻本，就重倉加碼，這也會讓部位失控。

　　總的來說，當部位押太大，導致短時間的波動損失超出你可以容忍的幅度，一定會影響到你的停損機制。

　　所以我要再三地提醒各位，每天都要操練自己的心法與操作紀律，不管是已經賺到錢，或是已經賠了錢，都要讓自己維持固定的操作部位去控制風險，心如止水的按照紀律操作。

　　以圖4-1為範例，從日線的角度說明，解析部位控制的重要與對交易心理的影響。這檔標的當時營收佳、法人看好、股價發展趨勢也被看好，假設一般做短線的散戶看到A點的長紅K（接近前高且當日順勢拉到漲停），見獵心喜的把部位押滿（可動用資金all-in），寄望隔天開高衝出並形成一個波段。

圖 4-1　【日線圖觀察】一次性重倉押滿，散戶的玻璃心一點都不耐震

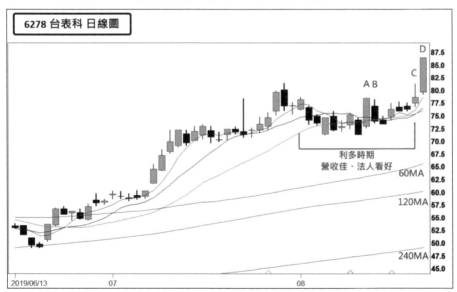

　　但盤勢的發展總會出乎人意料，假如隔天開盤就直接跌破A的收盤價，稍有遲疑沒有馬上停損，拗單的結果就是會吞下整隻B

的黑K，之後幾天的發展會讓人根本睡不著覺，隨著盤勢回溫往上，當初重押的部位來到C點時一定所剩不多，都是因為恐懼。

當一般散戶重倉押滿一檔股票，之後盤整震盪就根本承受不住，震盪完之後，只要有機會解套或是接近前高，第一件會做的事情一定是賣，這就是人性。即使撐到D的漲停紅K，也一定會在過高時就賣掉，而吃不到整段漲停。

我常講「不是部位押的大，就會賺的多」，部位要怎麼押，才會是「有道理的拚搏」？

「會賭輸，都是因為想搏一把大的。」

張三：(哭) 我全套牢了...今天沒錢進場了...

1

李四：(哭) 我賠錢了!! 我老婆叫我全砍單...

2

3

黑天鵝滿天飛...我這個月都還沒賺到菜錢...T＿＿＿T

4

短線交易首重心情平靜，不要讓賠錢影響心情。輸錢過後最好休息或是降低部位，整理好心態再出發

## 4-2 「從即時走勢圖看」部位控制好，獲利沒煩惱

　　假設圖4-2的範例是一支前一日做完功課挑選出來的標的，進場交易當天的即時走勢圖波動、均價線趨勢都沒有問題，為什麼還是有短線交易者在這檔股票賺不到錢，甚至是輸錢？一樣也是加碼與部位控制的問題。

圖 4-2 【日線圖觀察】一個完美的多方標準型態，隔日也如期收高，但盤中交易為什麼還是有人會賠錢？

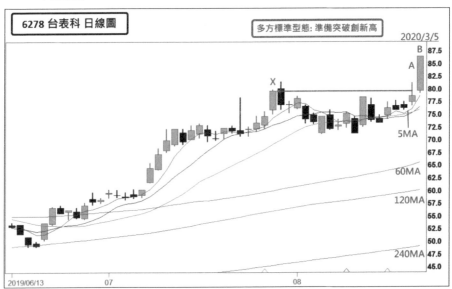

圖 4-3 　【即時走勢圖觀察】價格走勢、均價線趨勢都往上，卻賺不到錢？

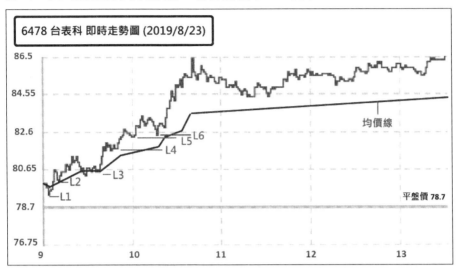

從圖4-3中可以看出，即時走勢每次過高之後拉回的低點，都比前低要高，呈現一底比一底高的趨勢（L6>L5>L4>L3>L2>L1，L6約略接近L5，該價位已是當日漲幅5％，出現震盪是正常）；從均價線防守的角度來看，價格走勢也一直都沒有跌破均價線。

## ● 同時間操作太多標的，注意力會被分散

這檔標的操作會輸的可能原因，在於短線交易者習慣同一時間散彈槍式操作太多檔標的，曝險過多，無法專心。散彈槍式的標的操作，這概念並沒有錯，但你要認識並理解自己的能耐與負

荷量。

　　以我來說，每一次做單，最多只能盯兩檔股票（一檔是昨日留單庫存標的，另一檔是今天打算進場的標的）。儘管我有超過25年的操作資歷，但同一時間我曝險在市場上的部位只會有兩檔，以極短線操作每檔只賺3～5％，要相當專注於價格的波動，超過2檔我就會亂了套，根本來不及兼顧。

　　每天上場你能負荷、能盯的標的要拿捏好。我一般就是兩檔，一檔是留單庫存，一檔是今日要盯的；庫存處理完，就會專心在今天計畫要盯的標的。倘若要盯的標的走弱，那我會直接走馬上換下一檔。因為我的操作模式都是當沖、隔日沖、三日沖，所以盤中我就必須不斷的調整到尾盤，留下最強的標的。

圖 4-4　【即時走勢觀察】部位過大，回檔不耐震，拉回突破前高不敢追

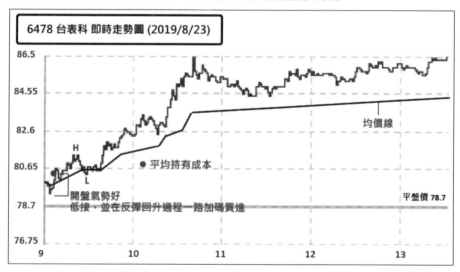

## ● 短時間內重倉押滿是大忌

假設開盤氣勢好，你打算留單操作這檔標的，開盤拉高壓回，你會選擇壓回買進，且回彈過程中一路密集性的將部位買到滿，平均持有成本可能會落在圖4-4中所示點位。

當一路拉升到H高點，會覺得自己買對了很爽，但當反折價格翻落下來，因為部位太大，害怕也不言可喻。這時想到「停損即時」，所以把部位全部砍掉，其實依照紀律操作，這麼做並沒有錯。

但是，當股價再次反彈上去準備突破前高，你一方面覺得嘔，另一方面也不敢追，因為之前高點H本來可以輕鬆入袋的利潤，這一來一回，現在必須再多花錢進場去追，你會心有不甘，也就只能坐視股價揚長而去。

圖 4-5　【即時走勢觀察】慢慢加碼，平均成本控制的好，耐震有信心

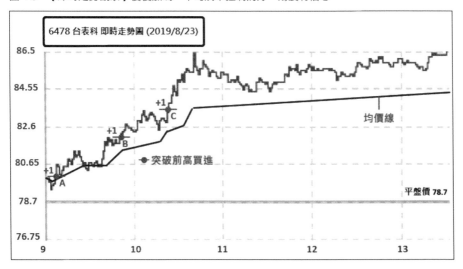

## ● 試單先行，再分批買進

買股票其實最怕的，是滿倉買進後價格卻黏滯不前。如果時間倒轉回到當日開盤，你轉換另一種方式操作（圖4-5）：

（A）早盤突破開盤價買進1張，拉高跌回靠近均價線，因為只有一張不至於恐慌，決定不停損出場；

（B）再次過高創高再加碼1張，此時第一筆的價差空間已經拉開，且兩筆單的平均成本與均價線相比已有一定的價差距離，就算之後再次觸及均價線出場，也是不會賠，持股信心增加；

（C）又過前高，再加碼1張，3筆單到此也差不多了，後面的擺盪就看你個人怎麼停利出場了。

所以，單一檔股票的部位控制，第一筆單進場的不要就把部位加到滿，就算早盤就看好這檔標的強勢，但時間尚早，會長建議你部位頂多加到滿倉的一半就可以停手。因為若一開始部位就押大，前面耐不住震（怕賠就想賣），後面也受不了噴（怕反折就想賣）。

以當日的操作來說，進場都不要急，不要一直想著所有部位都要買在最低點。要保有一個概念：「分批進場，股價越買越貴才是好貨」，你要耐得住震盪，買進的部位就必須是你所能承受，否則一支當天漲停的標的，你還是可以做到輸錢。

部位控制，攸關持股信心、停損機制，並直接影響獲利，是停損之後，我認為第二重要的操作概念。

## 4-3 「從左邊K棒看撐壓」同樣操作一檔股票，我就是賺得比你多

　　不管是長線或短線交易者，在交易的過程中，停損永遠是最高指導原則。若將時間拉長，停損是真正影響整體賺賠結果的關鍵，但短線的累積獲利，如何操作加碼則是另一門重要課題。

　　做短單的人，交易當下的看法、買進的點位其實落差不會太大，但往往你我獲利率的差異就是存在於兩個變數，其一你停損是否嚴格，其二你做對有沒有加碼。停損嚴格的人基本上不會賠大錢，也才有資格晉級到做對加碼。八成的短線交易者，看對一檔股票，買進沒多久就當沖掉，一賣掉就漲上去，總是感到可惜，自責賣太早。或許他的資金部位沒辦法加減碼，或是已經習慣操作加碼總是一口氣買完。

　　一檔股票我操作賺錢，你操作卻賠錢的最大原因，就是在於做對加碼的操作問題。賺要賺得多，一定要學會一套符合你個人風格的做對加碼方式。

　　所謂的分批進場，絕對不是如坊間許多交易名師所謂的「逢低佈局」，這種方法絕對是市場上最錯誤的教學內容。

　　**以我的角度來說，我的做法是採取「做對加碼」。第一步，當觀察一檔股票時，我看好也看對，我會先買一筆試單；如果買進之後如我所預期的方向發展，等到突破關鍵點位我會第一次加**

碼。接著我會稍作觀察，因為第一次加碼，代表試單部位已經達到一定的漲幅，可確認我第一筆進場的試單已經賺錢的，而加碼買進的第二筆單是在等它的氣勢。

試想，當一個股票往上漲的時候，有別於一般散戶，我反而是做順勢加碼的動作，我就不會去把股票賣掉，而且我會繼續等待下一次的加碼機會。加碼買進第三筆單必須建構在何處？就是第二筆單也是賺錢的時候。

通常加到第三筆單，按照我的資金與部位操作的習慣，就不會再往上加碼。

散戶買進股票，普遍來說就是等著它漲，就是準備賣，完全沒有加碼伸縮單的概念，就無法享受到一開始緩漲，第二步再墊高、突破盤整區，後面用噴出的整個波段獲利。

另一個分批加碼的觀念「操作短單主要是看氣勢、看價量的表現」，才會有進場動作。進場後股價發展並不是每一次都會盡如己意，但當你用分批往上加碼的方式，如果進場一筆，遇到價格黏住不動，你自然而然就不會再加買第二筆；如果遇到價格反向下跌，你也會很快就出場，因為部位不會大到讓你捨不得停損。

因為第一筆單都是屬於試驗性質的單，換句話說，就算買錯標的，也只有一筆試單的虧損，不是重押大賠而保有敗部復活的機會。

散戶最常遇到的問題是，選對了股票，但是卻無法賺足整個波段。這是人性，因為一檔股票買進之後，如果順向漲，一般散

戶就會一直期待、等著要賣出，因為想賺錢，想落袋為安，導致該賺的，往往賺不多；反之，買進一檔股票套牢了，卻又不想認賠，就會抱住捨不得放，「做對抱不住，做錯一直抱」正是人性的標準寫照。

突破第一根，我有一個口訣。「**帶量突破的第一根紅K，就算你是買在高點，後面都還會有機會讓你解套**」，因此，面對突破型態的標的，我會有想要留單的心態。那該如何操作？延續4-2節的案例，我加入左邊K棒收盤價的觀察，用圖4-6與圖4-7做為範例說明。

第一步，前一天盤後做功課，務必要將10%漲幅之內可能遭遇到的關鍵左邊K棒價格詳實記錄，開盤之後確認開盤價有無突破左邊K棒的壓力價位。

圖 4-6 【日線圖觀察】左邊 K 棒壓力價位、突破價位，是進場前要謹記在心的

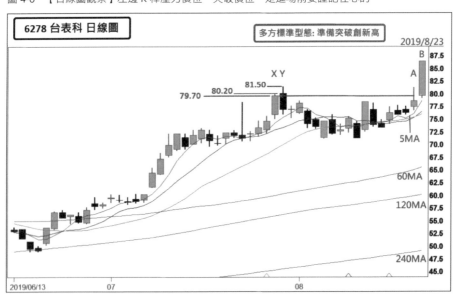

　　圖示範例標的中，左邊K棒（X）的收盤價是79.7，交易當天（B）開盤價正好開在79.7。接著，我們會往下一個左邊K棒（Y）比對，並記住他的開盤價80.2與最高價81.5。

圖 4-7　【即時走勢觀察】左邊 K 棒壓力價位、突破價位，是加碼、停損的參考依據

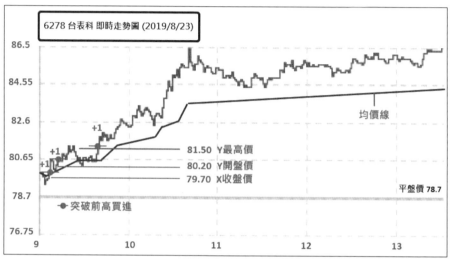

　　以下說明買進加碼的步驟與考量：

　　1. 台股開高往往有很大機會壓回，稍安勿躁，等待過高的時機同時也是第一筆單進場（80.5），這個價位買進原因是因為突破了前面提到的79.7與80.2兩個壓力價位（突破之後這兩個價位就成為防守點）。

　　2. 突破後如果就很快拉開空間，不加碼。但回檔又拉高過前高，會再加碼一筆。

　　3. 緊接著一個下跌破均價線，警戒但不停損（因為並未跌破

左邊K棒B開盤價80.2）。

4. 下跌後拉高又過高（同時過了左邊K棒最高價的81.5），再加碼一筆。

5. 要注意，我的3筆單並非定額加碼，是根據氣勢加碼。

6. 早盤買完3筆會先停手，不參與中間的擺盪。（除非大盤是多方趨勢、攻擊進行中，有可能早盤我就把部位買滿。）

7. 最後兩筆單會在13:00過後觀察進場。若盤勢氣氛佳，即使漲停也會把部位買滿。

由於我選擇的標的是「突破的第一根紅K」，比較有信心，所以會採用左邊K棒的壓力價位防守，沒跌破就不怕。再者，由於我分5筆買進，按照K線現象（左邊K棒）、氣勢（突破第一根的氣勢）加碼，部位分散也就比較耐震，比較能心平氣和地觀察判斷。

絕對不要在早盤就將部位全部加滿，除非大盤盤勢很好。早盤布局3/5部位，若尾盤氣勢夠強，拉開足夠的空間，今天的操作怎樣都不會賠錢。最後的2/5則是判斷有無機會收到最高再進場。5筆單都買完，其實整體成本並不會很高，假設市況好，漲停板的標的隔天開盤拉出5％送給你，就有辦法賺的比別人多。

所以，如果沒有辦法做對加碼，一筆大單在早盤把你的資金用盡，會導致每次下殺你都想賣，根本沒有辦法抱到最後。

**「加碼不是沒有邏輯的加碼，加碼也不是沒有依據的不停損」、「保有獲利是停損機制要夠，累積獲利是要能夠做對加碼」，這兩句話留給讀者細細品味。**

張老師：你們要回家練習畫「切線」

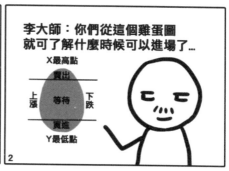

李大師：你們從這個雞蛋圖
就可了解什麼時候可以進場了...

X最高點
買出
上漲　等待　下跌
買進
Y最低點

那麼多指標，我要學多久...

大學堂

指標只能做為輔助，
價量才是選股的最終
依歸。

## Part -5

### 【當沖交易量能表態篇】

# 看懂價格與成交量，
# 掌握市場
# 最真實的資訊

當一支股票的K線做出型態給全市場都看見，下一步就是要看有無明顯的量增，確認有「大人物進場」再跟著進場做多。

**5-1　圖形「日線圖觀察有價有量」，市場玩真的；有價無量，只是狼來了**

● 量價齊揚，今天就是玩真的

　　當股價準備向上攻擊突破，要判斷這個攻擊是真是假，以及漲勢的續航力，就是看成交量。一檔股票雖然今天有漲，但量能不足、價格沒有突破重要壓力關卡，那就是假的，我們要持續觀察，而這樣的標的就不是我們的交易首選。

　　我常講的「價量為真」，白話一點的說明就是「一定要看到交易量能有擴增，價格出現突破，兩者都到位才是真的攻擊企圖」。

　　當分析一支股票，第一件事情就是先看它的型態，從K線型態去確認，它是屬於一個多方趨勢，股價要站上所有均線且均線呈現多方排列（最佳狀態）。第二件事，就是觀察有無明顯的量增，當一支股票型態做出來給市場看的時候，伴隨著大量我們才能夠確認「這支股票有大人物進場」，後續還有推升的力道。

　　每天盤後做功課，看到圖5-1範例中的K棒A，這樣的標的一定要馬上收錄到選股清單中。**因為在極短線交易的立場，爆量長紅的隔天一定都有賣點，是否要走一個趨勢性的波段，是要大漲還是大跌，都是得看出量長紅的隔一天，一定要盯緊；就算將操作週期拉長到一週，這根紅K也僅是整體上漲型態的第一天而已，也是要持續關注。**

　　開盤帶跳空（K棒B），跳空帶量這是「價量俱揚」最強的表徵，可以更確定前一天的出量一定是有「大人物」進場，想提前把價格推升上去，收到最高；前一天K棒A是強勢的漲停，我需要觀察趨勢就是要看隔天K棒B，因為前一天K棒A漲跌已經確定，研究已經沒有意義，當天現象只是告訴我們「出量 ＋ 長紅＝大人物進場」而已。

　　接著比對K線圖下方的成交量柱狀圖，每日成交量也會有均線的呈現。與價格站上五日線可以買進是同樣的概念，當股價突破且成交量能站上5MA，漲勢也較能持續。

　　股價上漲到一個程度必定會進行整理，伴隨著就是成交量的萎縮（K棒C-K棒D間）。直到價格再次突破跳空（K棒E），又伴隨滾出大量，價量俱揚，價格就會回到原來的趨勢方向繼續前進。（K棒D點跳空未有出量是因為前一天有利多消息，導致K棒D提前跳空漲停鎖死，所以當天沒有出量。）

圖 5-1 【日線圖觀察】「價格突破」與「成交量能」相互配合

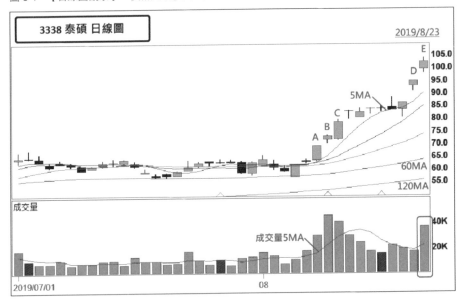

 2根K棒決定趨勢，爆量突破長紅K的隔天才是最關鍵！

## 5-2 圖形「即時走勢量價齊揚」，盤中突破的關鍵

　　從即時走勢圖判斷趨勢是否準備往上進行，也是一樣進行價量的觀察。即時走勢價格的推升也是要伴隨著滾量，沿著走勢，價格下跌成交量縮，價格上漲就會出量。

　　觀察即時走勢圖，其中最能代表當日趨勢的線，就是均價線。繼續用6278台表科做為範例，前一天盤後選股做功課看出是「多方標準型態標的」，準備於2019/8/23進場做多。

　　從即時走勢圖看出價格每次過高都有放量，顯示買氣強。當較高的價位成交量比較多，均價線會被牽動往上（圖5-3）。

圖 5-2　【日線圖觀察】K棒A隔日，價格準備突破創新高

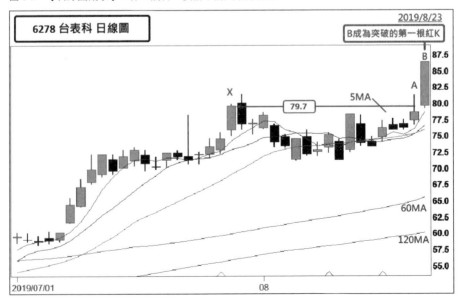

圖 5-3 【即時走勢觀察】價格創新高總會伴隨成交量增加

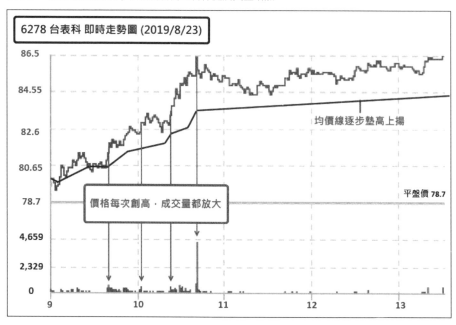

圖5-4，是個收盤價持續停留在5日均線之上，且不斷創新高的「多方連續型態」標的。從圖5-5的即時走勢圖可以看出，5個出量的關鍵價位

A：價格72，成交量111。

B：價格73.4，成交量87。

C：價格 73.7，成交量134。

D：價格 74，成交量120。

E：價格 74.5，成交量174。

圖 5-4 【日線圖觀察】股價在 5MA 之上不斷創新高

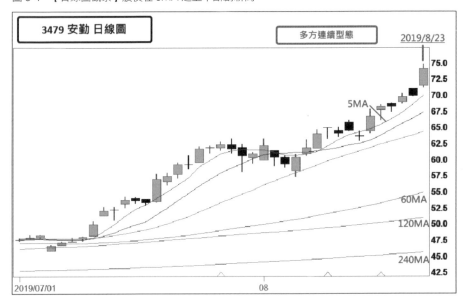

圖 5-5 【即時走勢觀察】價格要持續攀升，要有成交量相挺

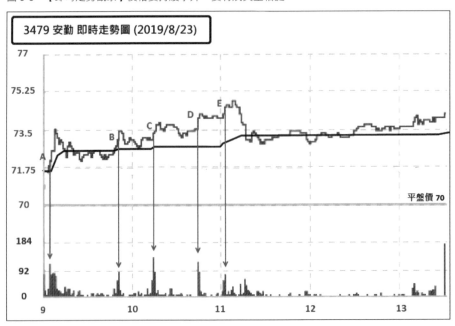

B點上漲（價格73.4）也出量，記得要往前觀察前次出大量A點的價格為72，而這個價格就是防守點。B價格高過A，但量能不夠，所以未能噴出，隨後價格進入一個整理階段且價格回落，但並沒有跌破A的防守價格72。

如果這檔標的今天要發動攻擊，成交量就必須超過早上最高量（A點的111張）。C點價格73.7伴隨134張成交量，是所謂的補量再創高，後面一定會再有高點。

**之後的價格雖再創高，但量能已經跟不上，逐次遞減，表示市場追價意願不高，無法繼續支撐價格再往上推進，這時我就會有心理準備要進入一個防守狀態。**

那要如何防守？創高之後就是用前一個出量點的價位防守，所以當天價格最高來到74.9，之後只要價格跌破前一個出量點E的價格74.5就出場。

若要更簡化一點的操作邏輯，當天出最大量的C點價格73.7，就是要牢記在心的價格，當天後續的發展都不可以被跌破這個價位。

會長碎碎念

即時走勢圖中，對應到最大成交量的價格，是當天不可跌破的價位！

## 5-3 圖形「兩根K棒造就短期趨勢」，跟著量能腳步走

前面幾個篇章已經介紹過K線型態、均線概念的操作邏輯，這一章會再納入量能的觀點，幫助你將盤勢看得更清晰。

圖5-6範例中，量縮盤整階段，均線集結、價格被短天期均線壓制而黏滯不動，我基本上都不去看這樣的標的。會讓我注意到它、並準備進場交易，就是要等到它「價量俱揚」的那一天：交易量是近期的新高，站上5日成交量均線之上；紅K收盤價則是站上所有整理集結的短期均線。

整理突破的第一根，通常不需要是天量，只要對應近期的盤整區是相對大量就夠了。其實，第一根帶量紅K棒A無法用來判斷後面是否會拉出一段波段行情，所以第二根的K棒B才會是關鍵性的重點。

兩根K棒造就短期趨勢，要維持股價5日均線的一個上漲趨勢，第二天的量能一定要能夠接續。如果第二天量縮下來，就不對了。

通常一個股票要開始走一個大波段的趨勢，在放量過後都會進入橫盤整理，上漲有量，下跌量縮。直到出現第2次的突破紅K棒C，價格一次突破將近兩個月的盤整區間，且成交量是前一天的2倍（突破基本上要大於先前的大量，雖然並非必要條件，但至少

**不能低於先前突破大量的80％）。**

接下來的K棒D也成功咬量（關鍵的第2根K棒），再次拉抬了價格與斜率，之後才又進入下一個量縮就跌、量增就漲的整理區間。

圖 5-6 　【日線圖觀察】整理突破之後的第 2 根帶量 K 棒，才是關鍵！

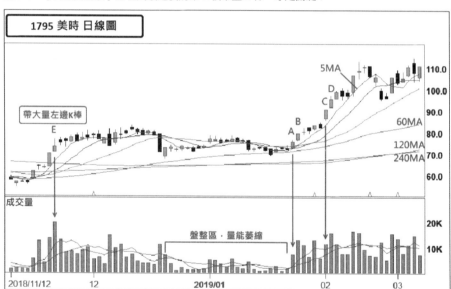

再看一個範例圖5-7，在起漲之前，量價關係有一個上漲量增、下跌量縮的向上盤整區間。或許你會問，盤整也有方向？有的，我通常以60MA（季線）做為長波段多空的分野，並判斷盤整方向（60MA躺平＝沒有方向；60MA仰角約10～15度＝盤整向上；若60MA仰角變陡，趨勢就越來越強，漲速快）。

圖 5-7 【日線圖觀察】60MA 仰角約 10 ～ 15 度＝盤整向上

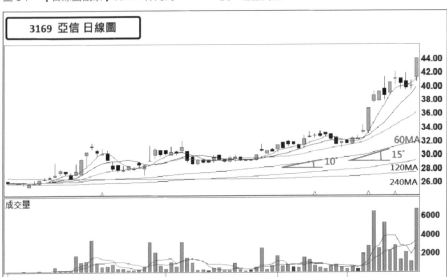

圖5-8是一個長期走跌、成交量低靡的案例。經過很長一段時間的盤整，這類型態的標的一定需要爆出一根超級大天量的紅K，才有機會突破區間盤整。但依照我的習慣，這種爆天量僅能操作第一天，頂多賺個第二日早盤的開高，但盡可能不要搶進第二天（因為風險高）。

為什麼只操作第一天？我的操作都會觀察季線的狀態，季線一定要能夠守住、翻揚，而這個範例中季線（60MA）並未開始走揚。帶量衝高的紅K必須先扭轉季線的趨勢，將季線拉起，但可以預見股價之後接續發展勢必進入盤整，因為長期下跌的股價上方還有半年線、年線的重重壓力。

圖 5-8 　【日線圖觀察】長期沒有量的第一根巨量，只進場操作爆量長紅的第一天

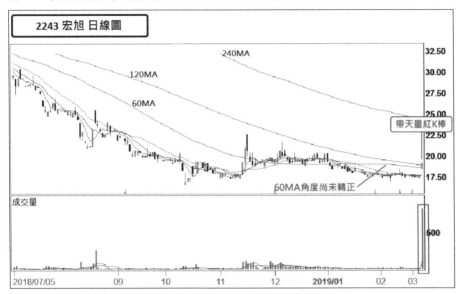

　　從季線研判長波段多空，圖5-9是個季線走平的範例，K棒A是一根放量紅K，此時的收盤價已經逼近左邊帶大量K棒（C、D）的最高價，所以第二天的K棒（B）攸關能否突破盤整，並帶起季線翻揚。我認為除非K棒（B）開盤跳空，且當天交易量要高於K棒（C、D），才有機會一舉突破左邊最高價 27.9。

　　但這種季線走平的股票，一般我不喜歡追，因為季線尚未翻揚且左邊K棒好幾個頭部壓力，硬是進場操作，勝率不高。

圖 5-9　【日線圖觀察】60MA 走平，帶量的左邊 K 棒壓力價格要留意

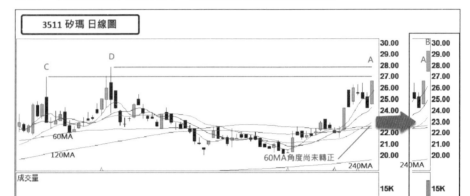

　　另一個帶大量K棒的收盤價案例，圖5-10中可以看出，當股價突破帶大量左邊K棒的收盤價之後，該價位就從壓力轉變為支撐，後續股價的整理都在此支撐之上。

　　透過這個範例我要提醒各位，務必將爆量的K棒收盤價當作基準點，並告訴自己：「我不用買得比主力便宜，但要買在這個基準點之上。」爆量的K棒，就是本篇章從量能的角度切入所關注的一大重點。

圖 5-10 【日線圖觀察】帶大量的左邊 K 棒，收盤價是主力基準點

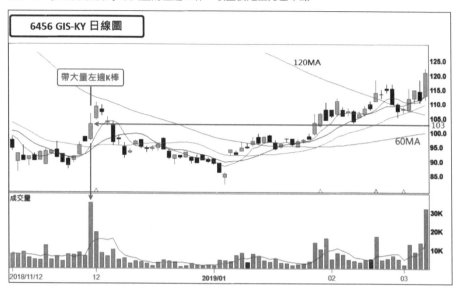

圖5-11，是另一個季線上揚支持價量向上發展的範例。K線型態很醜，卻能爆出大量時，絕對是有大人物要進場。試想一個觀念，一般小散戶不會在K線型態差的時候進場，合理懷疑這些大人物都是相當了解公司基本面的人，不然誰會大量買入股價長期疲弱的股票？

主力在底部吃完貨，快速用出量的方式把空間拉開；但要讓市場散戶看得懂這個作價過程，就必須站上所有均線，也才會吸引我進去操作。

這些密集性的爆量，會造就60日均線翻揚角度越來越陡，就算盤整也是趨勢向上；價格突破前高伴隨新高成交量，回檔整理還是會再創高，都來自於季線上揚的加持力道。

圖 5-11 【日線圖觀察】60MA 上揚，支持價量向上發展

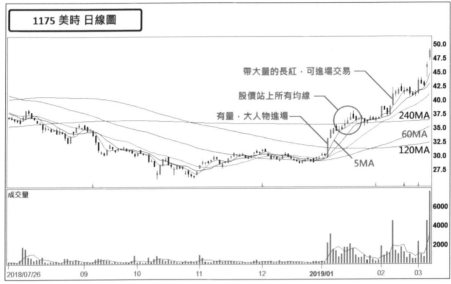

不管是從日K格局或是即時走勢，一檔股票要發動攻擊，一定要伴隨成交量。當一個帶大量突破的攻擊之後，後續的成交量如果不夠，攻擊力道會減弱，就不能寄望這檔股票的漲勢可以延續很久，將會陷入整理。

「價量為真」，股票要漲，價格、交易量都會提前反應；市場一定有人可以比你提前知道「背後有天大的利多」，然後進場卡位。凡走過必留下痕跡，所以價、量才是最源頭，其他的技術指標都是從價量衍生出來。

最後再提醒一次，短線交易的策略是突破買進，所以一定要盡量買在暴大量點的價位之上（主力進場），才不會有套牢的賣

壓，操作起來也會比較輕鬆。如果你買一支股票，目前股價左邊還有K棒高點並且帶大量，之後股價漲到那個高點一定會有賣壓，因為這段時間套牢的人會趕緊出脫。

圖 5-12【日線圖觀察】盡可能買在爆大量K棒收盤價之上，較不會有套牢的賣壓

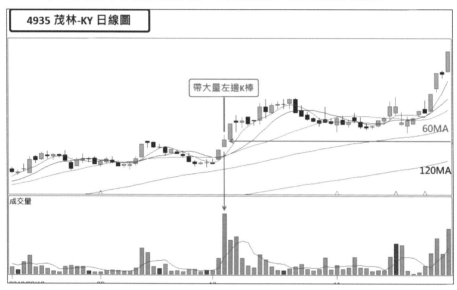

 60日均線(季線)是一支股票的生命線，通常股價跌破60日均線就會被判定走空。

## Part -6

【當沖技術指標進擊篇】

# 5 種來自 K 棒的資訊、 4 種技術指標， 看趨勢、也看轉折

「2根K棒決定短期趨勢」、「5日均線觀察氣勢強弱」、「技術指標提前透漏趨勢轉折」，股市資歷尚淺的交易者，除了最根本的型態與價量，技術指標的搭配可強化進場做多的信心。

## 6-1 圖形「止跌紅K棒」，收盤價必須突破前一根黑K棒開盤價

　　貪多嚼不爛，K棒得先掌握三種最基本的操作，熟練了之後自然會延伸出個人的看法與組合應用。本章節就用一張日線圖（圖6-1），幫助讀者理解我常用的3種K棒型態：

- 止跌紅K棒
- 突破紅K棒
- 連續紅K棒

圖 6-1　【日線圖觀察】關於 3 種 K 棒型態的理解與操作

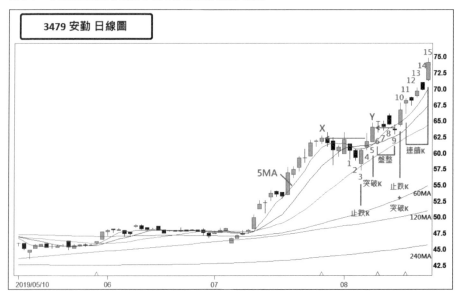

圖 6-2 　【日線圖觀察】止跌紅 K 棒

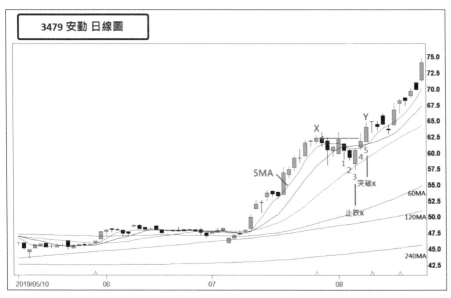

　　止跌紅 K 的出現，表示目前的一波跌勢將「有機會」止跌，是一個短線交易者可以利用的訊號。

　　兩根黑 K 棒（1＆2）跌破了 5 日線，短單交易的人會先停損，空手的人會猶豫，勢必會有賣壓湧現，也造就了短期下跌趨勢。所以，止跌紅 K（3）的重點就是收盤價必須突破前一根黑 K 棒（2）的開盤價，而且止跌 K 一定要是紅 K。

由於止跌K的特性是透過收盤價「吞噬」前一根黑K棒的開盤價，所以就算止跌K當天都是上漲紅K，還是等到接近尾盤再進場操作比較好，因為很有可能早盤漲、尾盤下殺，就形成不了止跌K了。

- K棒（3）收盤價＝60.5
- K棒（2）開盤價＝59.4

→ 止跌K成立，K棒（3）收盤價「吞噬」K棒（2）開盤價。

尤其下跌趨勢中，K棒很容易開高走低，或是開低拉高又殺低，所以K要接近尾盤，再判定今天是否是一根止跌紅K，才比較合適。

**止跌K的出現不代表馬上就是買點，我通常會等到更確定的訊號出現才會進場，所以「止跌K出現後，要看隔一天是否拉高，止跌才成立」。**

等到如案例中顯示的K棒（4）開盤跳空，我預期它今天可能會收紅，根據兩根K棒決定短期上漲趨勢的原則，就可以準備提前進去佈局。但是，有時候開高會騙人，所以早盤溫吞往上緩步墊高，中盤過後確定有機會收紅K並形成上升趨勢，才可以開始適度的提前佈局。

此外，K棒（4）收盤價站上5MA、10MA，可以確定現在進場是符合我的紀律操作，也因為靠近前高（K棒X收盤價），更可以期待隔天K棒（5）的突破。

K棒（5）的幾個關鍵點位：

- 要突破的壓力價位＝左邊K棒（X）收盤價62.4突破後買進

● 防守價位＝K棒（4）收盤價61.9，前一天收盤價不能跌破

最後，K棒（5）收盤後形成「多方標準型態，突破的第一根

紅K」。

2根K棒決定趨勢，出現止跌紅K的隔天才是最關鍵！

## 6-2 圖形「突破紅K棒」，盤整後的第一支創新高紅K棒，主力開始進場

圖 6-3 【日線圖觀察】突破紅 K 棒

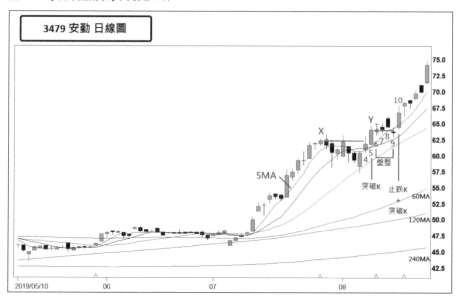

突破K，顧名思義，就是突破左方高點的紅K棒。

突破的第一根紅K，在我的交易經驗中，如果可以順利拉到尾盤收在相對高點，隔天開高的機會就比較大。所以就算你進場追高被套牢，後面通常都還有機會可以解套，在操作上是可以大膽一點。

假設突破K當天開高走低，就要進入5分K去解讀「出量的價

格」，以及觀察「左邊K棒的支撐不能破」。在這個示範案例中，照我的短線做法，突破K（5）的突破點62.4進場做多，隔天K棒（6）出在64～65，賺點小錢是沒有問題的。

之後出現的幾根短黑K（6～9），因為這幾根的收盤價都沒能站上前一日左邊K的開盤，我就不進場操作。這幾根黑K直到K棒（9）才跌破5日線，但5日線上揚的趨勢都沒有被破壞，所以後續還有繼續走高的機會。

K棒（10）的出現，算是一根「開盤帶跳空 ＋ 收盤創新高＝突破K＋止跌K」，如此有複合意義的K棒其實更重要，更需要被留意，代表主力要進行攻擊了。

**根據我的交易經驗，在突破的第一天後，通常隔天會有高點；止跌紅K出現的隔天，往往也會有高點，所以如果在這一根進場，等於是有雙重的安心**（照我的操作模式，當天一定會進場，而且我一定會留單）。

從這一根極具重要性的複合式K棒之後，股價的整體發展將進入連續K棒創新高的走勢。

會長
碎碎念

帶量突破的第一根紅K，就算買在高點，後面還會有機會可以解套。

**6-3　圖形「連續K棒型態」，盤中只要跌破前一根K棒的收盤價，得先走**

圖 6-4　【日線圖觀察】多方連續 K 棒型態

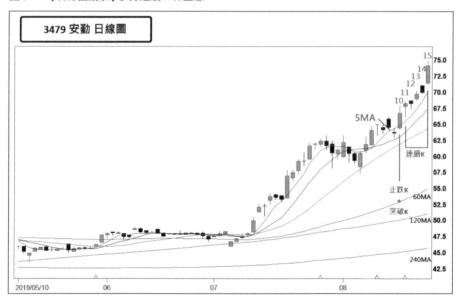

　　連續型態的操作，最重要的重點就是「前一根K棒的收盤價都不能跌破」。如果買進，之後盤中只要跌破前一根K棒的收盤價，無論如何都一定要先停損出場，除非重新站回前一根K棒收盤價，才能再次買回。連續型態務必要這樣操作，因為你永遠無法預測何時會殺一根長黑，唯有如此操作，才能避免吃到一整根的黑長K。

在連續型態的漲勢中，如果要買進股票，就是要用前一天的收盤價當作支撐價位。假設我想在K棒（11）的隔天買進，那麼隔天在K棒（11）收盤價之上的價位，才有買進的道理。K棒（12）雖然收黑K，但收盤價又創高，所以就算在當日尾盤買進，其實也是正確的決定（如圖6-5）。

圖 6-5　【即時走勢圖觀察】多方連續 K 棒型態不可跌破前一日收盤價

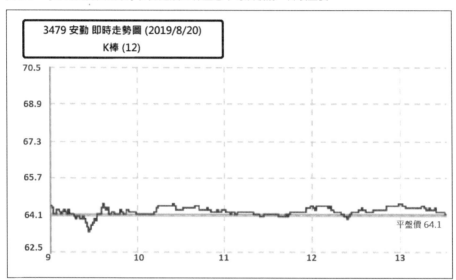

同時，因為漲勢是沿著5日線，5日線操作的原則也不可背棄。K棒10～15為不斷創高價的連續K棒型態，除了K棒11、K棒12在盤中曾經跌破前一天收盤價之外，其餘各日幾乎都是開盤就跳空的強勢行情。

## 6-4　圖形「均線看角度」，預期心理會漲，價格就會往上推升

### ● 均線，是價量表徵中最重要的指標！

　　我最常說的心法：「當我們要做多一檔股票，股價一定要站上5日線，且5日線翻揚，5日線走平或是下彎皆不買進」，以極短線當沖交易來說，基本上看5日線就夠了，但還是要考量5日線與其他均線的相對位置，最好就是5日線能夠站上所有的均線。

　　5日均線是所有均線中，天數計算周期最短期的，也是最敏感的均線，所以股價的變動也會從5日均線開始發酵反應。隨著5日均線的轉強，其它短天期均線會接續上揚，長天期均線也會跟著往上推，因此最理想的狀況就是由5日均線帶頭，而其他短天期、長天期的均線都在5日線之下，也就構築成我們一般常說的「均線多頭排列」。

　　範例圖6-6中，盤整過後第一根長紅K，就會將5日平均收盤價拉高，5 日線抬頭；但一根長紅出現後，關鍵點會是在隔一天；2根K棒決定短期趨勢，隔一天若能夠也收在高價，5日線翻揚的現象會更明確。

圖 6-6 【日線圖觀察】「股價站上 5MA 且 5MA 翻揚」對短線交易至關重大

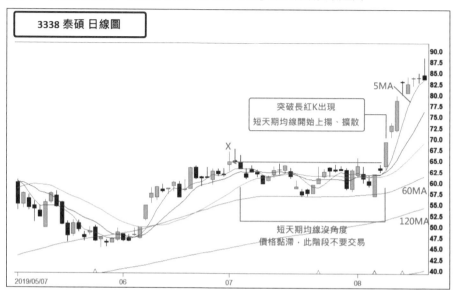

## ● 短線交易如何確認氣勢？

　　5日線以外的均線並非不重要，但以我們做極短線的角度，做多就是一定要站上5日線，沒有站上5日線，漲勢就無法凌厲。再者，短線是看氣勢，5日線最敏感，也是觀察氣勢強弱最重要的依據。

　　氣勢要如何看？就是看5日線翻揚的角度，範例圖6-7中，5日線仰角大於60度，這是非常強的漲勢，通常會發生於連續型態標的，2根K棒決定短期趨勢，連續型態就是不斷創新高的型態，5日線仰角的角度自然也是最陡峭的。

圖 6-7　【日線圖觀察】5MA 翻揚仰角大於 60 度，會發生在「多方連續型態」

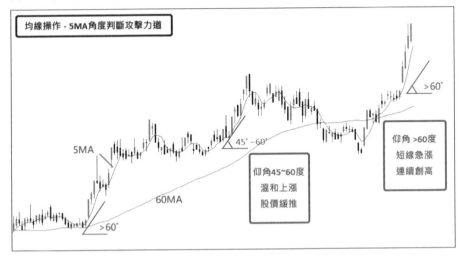

　　圖6-7、6-8所看見的45～60度仰角5MA，通常是一根長紅K之後隔天會進行整理，如果股價不跌破5MA，都可以持續留意觀察，因為盤整之後通常還有再創高的可能。

　　圖6-8中，30～45度仰角的5MA，這類型的標的不是不會漲，只是漲的慢，小紅K小黑K相間，就是我常講的碎步紅K，在此階段要不斷留意左邊K棒的壓力，

　　圖6-9中，2019年4月上半月20日線仰角有45度，短天期均線翻揚角度都比長天期均線陡峭，是相當漂亮的上漲趨勢與攻擊型態。股價經過一段上升之後，只要股價跌破5MA且5MA下彎（K棒A），價格不是盤就是跌，極短線交易者就是砍掉出場。之後，當（K棒C）也跌破10日線，代表週格局走弱；等到K棒D跌破月線（20MA），短天期均線全部走弱且下彎，形成一股助跌的

力道,可預期即將進入至少一個月的整理。

圖 6-8 【日線圖觀察】5MA 仰角 30 ～ 45 度碎步紅 K 漲的慢

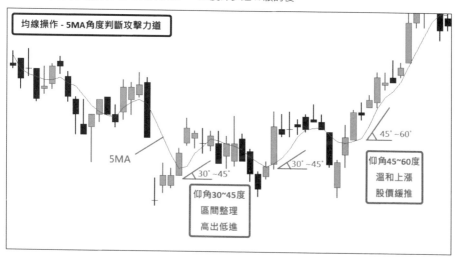

圖 6-9 【日線圖觀察】價格跌破不同天期長度均線的意義與可能發展

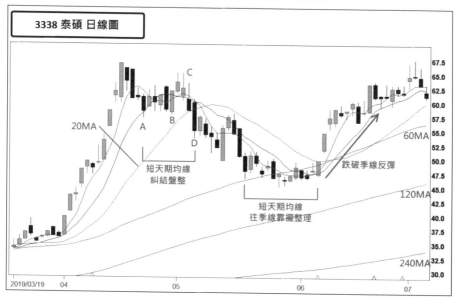

　　這檔股票的長天期均線其實還在上揚，可以預期這一波下跌後，下一步將會向季線（60MA）靠攏，並進行整理，而且就算價格跌破季線，9成以上的機會都會反彈。

　　假設跌破季線後的反彈不夠強，在價格呈現黏滯與短天期均線沒有角度的情況下，先不要進場。一檔股票若長天期均線呈現多方翻揚，即使價格跌到短天期均線下方，還可以持續觀察，甚至也可能是買點。簡單來說，長天期均線代表的是市場對這檔股票的信心。

　　若要再次進場，一定要等到短天期均線的上揚角度確定，且再次開始擴散。如果短天期均線不是擴散，反而往季線靠攏，要特別注意季線的走勢，如果這時季線走平，且股價跌破季線，連帶所有短天期均線也被往下帶，與季線呈現「死亡交叉」，那麼股價空方趨勢就被確認，隨之而來的賣壓會相當大（圖6-10）。

圖 6-10 　【日線圖觀察】短天期均線全部與 60MA「死亡交叉」

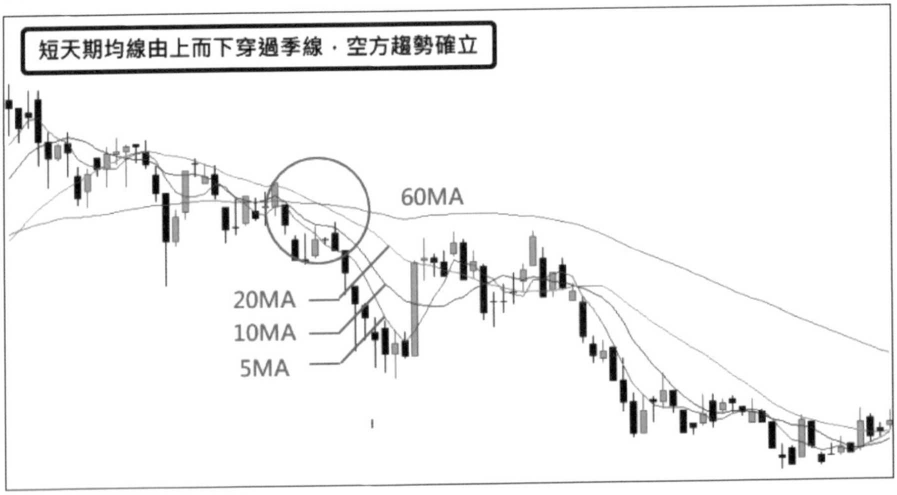

　　圖6-11範例，短天期均線走弱糾結，長天期均線翻揚擴散，短天期會逐漸與季線靠攏。直到5日線跌破60日線時，長期來看股價可能開始轉弱。但是，何時才可以正式確定轉弱？

　　當價格跌破60MA且60MA下彎，長期下跌趨勢就被確認了。總之，在我們短線交易者的立場，選擇價格在5日線之上，且短天期均線翻揚又擴散的狀態之下，可以讓資金運用更有效率。

圖 6-11 　【日線圖觀察】股價跌破 60MA，且 60MA 下彎，股價下跌趨勢確認

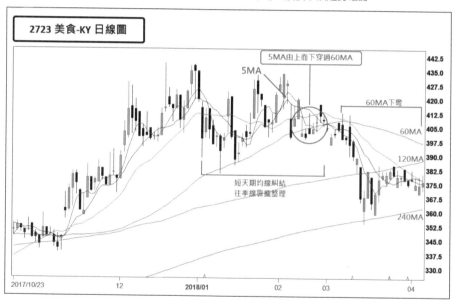

均線角度會因為看盤畫面的「股價刻度範圍」與「時間軸跨距」而有所不同，5MA斜率差異與漲勢之關係才是學習重點。

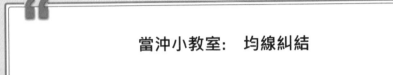

## 當沖小教室: 均線糾結

短天期均線糾結，是個要格外留意的均線現象。

當一支股票陷入盤整，K線都短短小小的，而且短天期均線都幾乎黏在一起，股價也停滯不動，發現這類的股票要留意。因為這類股票如果要發動並帶出方向，一定要會有量能的突破出現。

下圖6-12短天期均線糾結了將近2個多月之後，突然出現的紅K，是以往上跳空、帶量突破、收長紅K的方式帶出之後的價格走勢方向。

圖 6-12 【日線圖觀察】均線集結過後，帶量長紅 K 棒確立未來走勢

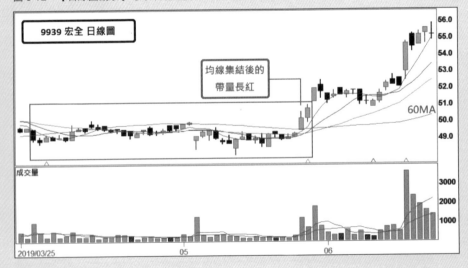

　　帶量突破第一天的長紅K被全市場看見了，那第二天的發展就非常重要，若要走出5MA大於60度仰角的連續型態，2根K棒決定趨勢，隔日就必須是伴隨跳空開高的紅K（圖6-13），且之後還有繼續上漲的力道與空間。那何時該停止操作這支股票？價格跌破5日線就停止關注，要再進場操作就是重新站上5日線再說。

圖 6-13　【日線圖觀察】均線集結過後，帶量長紅K棒確立未來走勢

（圖中標示）
第2波攻勢
6278 台表科 日線圖
跳空開高 帶量紅K
均線集結後的 帶量紅K
> 60°
60MA
成交量
爆量價漲
量縮橫盤整理
2019/09/02
10
11
115.0 110.0 105.0 100.0 95.0 90.0 85.0 80.0 75.0 70.0
40K 20K

會長
碎碎念

5日均線是短天期均線之首，看氣勢(翻揚角度)。
60日均線是長天期均線之首，看市場趨勢。

## 6-5　圖形「左邊K棒」看支撐壓力，突破還是防守都了然於胸

　　每天盤後選股，隔天盤中價格攻防的關鍵價位來自於左邊的歷史K棒。我只看左邊歷史K棒的收盤價，因為收盤價是多空爭戰過後主力決定的價格，最值得參考。

　　左邊K棒找支撐／壓力步驟：

● 標準型態／連續型態的訊號K棒出現（且收盤價格站上5MA）。

● 盤後做功課，先看左邊K棒的撐壓狀況。

● 支撐點：訊號K棒的收盤價。

　　■ 壓力點：從左邊K棒中尋找「價格最接近且大於支撐點」的收盤價，只要突破就是短線轉強，而且成為新的「支撐」。

　　■ 突破點：當「壓力點」被突破，從左邊K棒中尋找「價格最接近且大於壓力點」的收盤價。


　　隔日盤中操作：

● 記住前一天觀察到的撐壓價格，就是今天不能破與待突破的點位。

● 左邊K棒的收盤價（壓力點／突破點）只要被突破，就成為新的支撐＝停損點；若沒有跌破就續抱。

● 也要搭配5MA的觀察，是否持續上揚？上揚的5MA盤中跌破要評估是否可以忍受。

圖6-14中，K棒C雖然收黑K，但留有長下影線，且5日線依舊維持上揚，隔日還是有繼續向上突破的可能。往左邊歷史K棒一路找過去，在K棒C收盤價之上且最接近的兩個壓力價位分別就是58.4與59.9。這兩個價位要記錄下來，隔天盤中的攻守操作相當的重要。

圖 6-14 【日線圖觀察】左邊 K 棒壓力價位觀察與紀錄

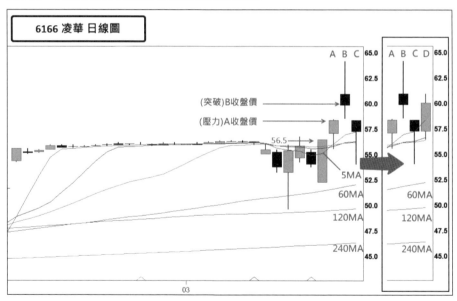

隔天K棒D的走勢圖如圖6-15所示。當股價經歷了開盤的上沖下洗之後，約莫在10點前價格重新站上開盤價，也突破了第一道左邊K棒壓力關卡（K棒A的收盤價58.4），10點半價格創高60.0，之後的壓回就未再跌破58.4。

圖 6-15　【即時走勢圖觀察】左邊 K 棒壓力價位，是盤中交易的攻守依據

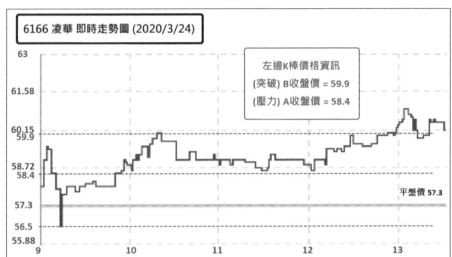

　　圖6-16範例：K棒A重新站上5MA，重新贏得挑戰左邊K棒X收盤價的資格（距離K棒X收盤價在10％漲幅內）；由於是創新高的格局，需要多看一個K棒Y的最高價82.5。圖6-17開盤跳空就過了80.7，但開盤開高不理他，壓回再過高才是進場時機；9:11就突破了開盤價(進場)，壓回也沒有跌破開盤價續抱。9:19又創高但拉開的距離不夠大，9:24雖回檔但沒破9:15前低（像這樣回檔價格防守得相當巧妙的標的，再有過高的機會一定要進場操作）。

　　之後價格突破並站上82.5（K棒Y最高價），82.5也成為後續價格的支撐；之後價格衝出，漲幅達到7-8％，對短線交易者來說，這樣的獲利已滿足，不要再繼續留戀，早盤就是快沖模式，有價差就走。但11點過後未能再創高也跌均價線，是最後出場時機，務必離場。

圖 6-16  【日線圖觀察】左邊 K 棒壓力價位觀察與紀錄

圖 6-17  【即時走勢圖觀察】左邊 K 棒壓力價位，是盤中交易的攻守依據

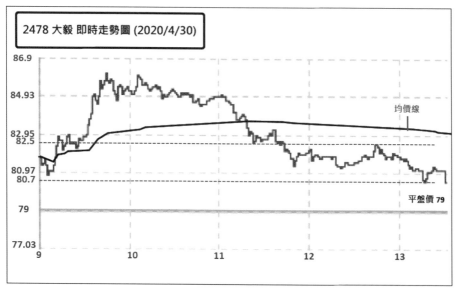

## ● 技術指標搭配，強弱好判斷

　　我進入股市這麼多年，所有技術指標我都有用過。但其實近八年來，我對於技術指標不會特別的關注，頂多就是我在準備買股的當下，用來確認型態、價量沒有問題之外（型態與價量還是我主要的操作依據），我還是會很快地看過所有的技術指標，去確認是否短期內所有指標都有轉強的徵兆。

　　對於股市資歷尚淺的交易者，進出市場只靠型態、價量可能沒那麼好判斷，最好還是有一些技術指標的搭配。我常用的標準型態、連續型態，兩者適合的交易方式有所不同，但使用技術指標的觀點是如出一轍，沒有太大的差異。簡單來說，連續型態，適合短打；標準型態，則適合留單進行隔日沖乃至於持有超過三天以上的交易。

會長碎碎念　**當沖者要按照市場現象，嚴守紀律買進賣出。**

## 6-6 圖形「K%D指標」, 只觀察從下向上的突破交叉

　　K％D指標在計算中融入了行情走勢中最高價與最低價，用意在於反映市場正在運行的趨勢力量轉變，幫助投資者捕捉短線反轉時機，是一個領先指標。

　　％K值稱為快速平均值，是將一定時間內，衡量當天收盤價在此時間內是強勢或弱勢，反應較靈敏。

　　％D值稱為慢速平均值，是將％K線再次累計平均，以降低％K線的波動性，反應較不靈敏。

　　若K值大於D值，代表目前處於漲勢；相反地，當K值小於D值時，代表目前處於跌勢。一般來說，數值50被認為是多空平衡位置；大於50時，多方力道強；小於50時，空方力道強。

　　但K％D指標它的缺點是鈍化現象，所以我的操作不看所謂的超買（KD>80）、超賣（KD<20）。我主要藉由分別％K線與％D線兩線的穿梭之中，觀察％K線從下向上突破％D線交叉時，視為買進的輔助訊號。

圖 6-18 【日線圖觀察】觀察％Ｋ線從下向上突破％Ｄ線交叉時，視為買進的輔助訊號（範例 1）

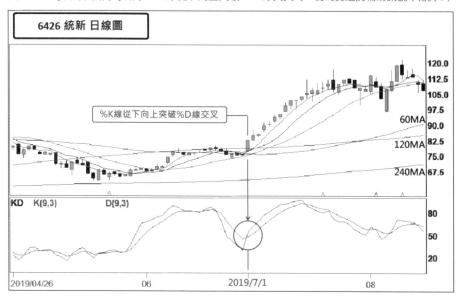

圖 6-19 【日線圖觀察】觀察％Ｋ線從下向上突破％Ｄ線交叉時，視為買進的輔助訊號（範例 2）

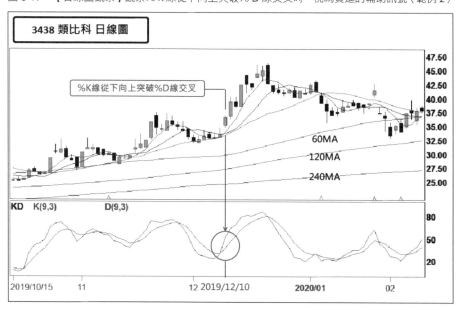

## 6-7 圖形「MACD指標」，只觀察DIF快線由下向上突破交叉

　　MACD的全名是Moving Average Convergence Divergence，直譯就是「移動平均線收斂發散指標」。簡單來說，MACD可以呈現出「長期與短期的移動平均線即將要收斂或發散的徵兆」，因此可用來輔助判斷買賣股票的時機與訊號。

　　應用兩條不同時段的指數移動平均線（EMA），計算兩者之間的差離狀態（DIF），並且對差離值（DIF）做指數平滑移動平均，即為MACD線。

- DIF（快線），作為趨勢變化判定
- MACD（慢線），作為大趨勢基準
- 柱狀值（DIF–MACD），當柱狀值＝０代表快、慢線交叉

　　**我對MACD指標的應用，主要觀察當快線（DIF）由下向上突破慢線（MACD）交叉，且DIF-MACD值轉正呈現紅柱，就是買進的輔助訊號。**

圖 6-20　【日線圖觀察】MACD 指標的 DIF 線從下向上突破 MACD 線交叉（範例 1）

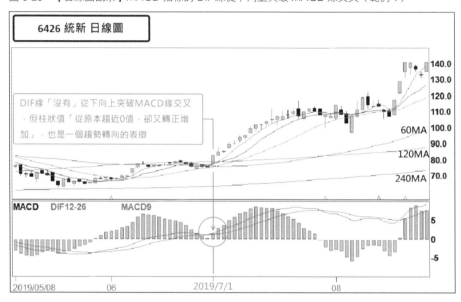

圖 6-21　【日線圖觀察】MACD 指標的 DIF 線從下向上突破 MACD 線交叉（範例 2）

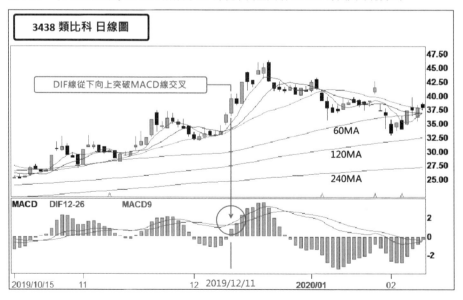

## 6-8 圖形「RSI指標」，當長短週期 RSI>50%，上漲力道夠

RSI（Relative Strength Index）是「相對強弱指標」，考慮股價變動的四個因素：上漲和下跌的天數、上漲和下跌的幅度。在股價趨勢預測方面，RSI頗具參考價值，是可看出買賣盤強弱的指標。從另一個角度看，RSI可以說是一個數據化的市場情緒指標，可分析股價上升與下跌是否有足夠動力做配合。

市場習慣用兩個不同時段去度量RSI，以下面的範例分別是5日與10日，換言之5 RSI是觀察過去5日的市場情緒變化，10 RSI則是看過去10天的變化。由於市場永遠都有波動，所以RSI與移動平均線一樣，時段越小（小參數）的RSI靈敏度會越高，曲線的波動也會比時段大（大參數）的RSI大。

RSI把相對強度的數值定義在 0～100之間，當股價的RSI在中軸之上，可以視為強勢；反之若在中軸之下，可以視為弱勢。

RSI 數值越大代表買方力道越強，反之當RSI低到某一程度時，通常代表市場出現非理性的賣超現象，表示底部區已近。我的短線交易不做抄頭摸底，所以研判超買（RSI>80）、超賣（RSI<30）來做為反轉的可能訊號，並不適用於我的交易模式。

我對RSI的觀察重點在於：「當長、短週期的RSI值都大於50（中軸50是區隔股價強弱力度的分野），且『短週期的RSI向上突破長週期的RSI』，代表上漲力道夠，是買進的訊號。」

圖 6-22 【日線圖觀察】RSI 指標應用（範例 1）

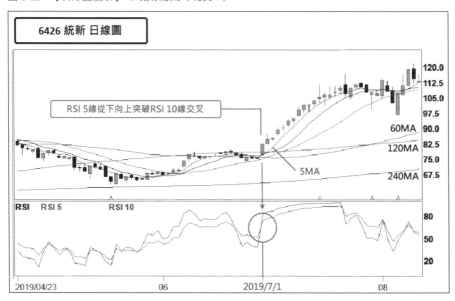

圖 6-23 【日線圖觀察】RSI 指標應用（範例 2）

## 6-9 圖形「布林通道」，通道趨勢向上且翻揚，股價將噴出

　　結合了移動平均線與統計學的標準差概念，布林通道是由3條軌道線組成的帶狀通道：

- 上軌：中軌＋2×標準差
- 中軌：20MA
- 下軌：中軌－2×標準差

　　依據常態分布理論，會有95％的股價坐落在中線、通道頂、通道底之間。我看布林通道的重點主要有三：

　　第一，布林軌道趨勢往上，且上軌呈現翻揚；

　　第二，目前股價必須在中軌之上；

　　第三，股價頂著上軌或站上布林上軌。

　　前兩項條件符合，基本上我就認定布林軌道指標條件滿足，若第三點符合，則可以更大膽的預測股價將會噴出。

圖 6-24 【日線圖觀察】布林通道應用實例（範例1）

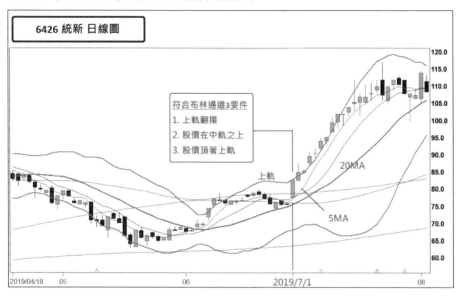

圖 6-25 【日線圖觀察】布林通道應用實例（範例2）

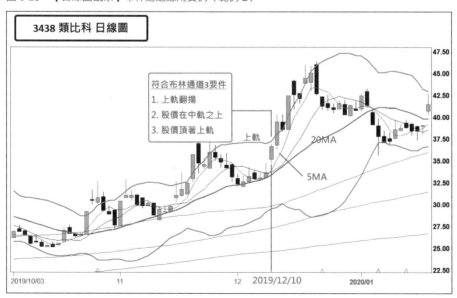

回顧K線型態分析，其實眾多技術指標支持買進的時機點，在K線型態的表現上，也符合多項我的買進理由（參閱圖6-26、圖6-27）。

● 股價開盤跳空，一舉突破過去5日左邊K棒的收盤價。

● 股價突破左邊K棒壓力價位（盤中買進時機）。

● 股價站上5日線 且 5日線上揚。

● 股價創近期新高。

除此之外，法人的買進賣出狀況也是可以參考的數據。

學著挑選「即將突破」與「突破的第一根長紅K」的案例，輔以技術指標的比對與確認（站上布林上軌、MACD柱體翻紅轉正且上升、RSI擴大、KD值、當日成交量比5日均量高、外資買超），選這類標的買進就會比較有信心。長期下來，交易這些型態好的標的，續強的機會都滿高的；當然，這些個股也是會被大盤盤勢差而拖累，但後續回彈的能量與機會也是優於其他弱勢的股票。

圖 6-26 【日線圖觀察】K 線型態與 K 棒分析（範例 2）

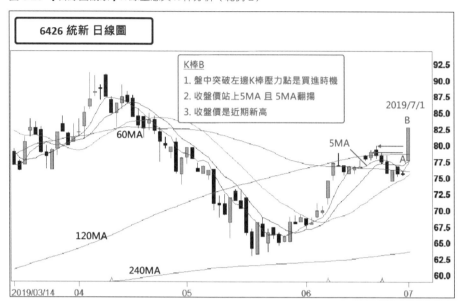

圖 6-27 【日線圖觀察】K 線型態與 K 棒分析（範例 2）

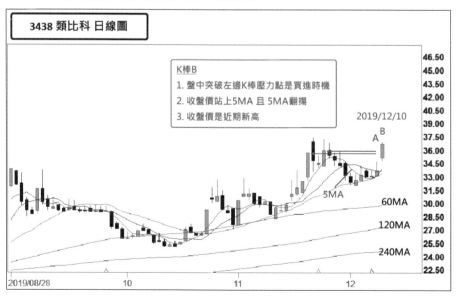

## Part -7

【當沖高勝率操作練習篇】

# 20 個實戰操作，把交易的節奏變成大腦的「肌肉記憶」

按部就班學習選股策略、停損原則、量能表態、技術指標，這個章節將用實戰案例幫助大家融會貫通所有學到的概念！

# 實戰 1 10%漲幅內的左邊K棒收盤價都要考慮

圖 7-1 【日線圖觀察】股價未站上 5 日均線，但前高已經在 10% 漲幅之內可以突破

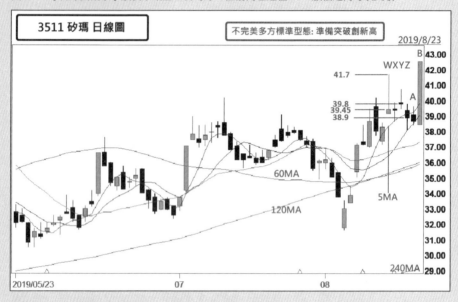

圖 7-2 【即時走勢圖觀察】轉折低點一底比一底高，均價線也跟著翻揚

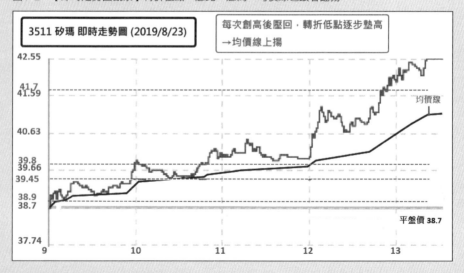

圖7-1、圖7-2範例：

| 2019/8/22盤後選股邏輯 | | | 符合 |
|---|---|---|---|
| 1 | 多方標準型態 | K線呈現多方趨勢 | V |
| 2 | | 今日K棒A收盤價38.7站上5日線 | X |
| 3 | | 距離K棒Y收盤價 39.8－38.7＝1.1（約3% 漲幅即可突破） | V |
| → 決定持續關注 | | | |
| 左邊K棒關鍵價位 | 支撐價位 | | A收盤價38.7 |
| | 壓力／突破價位 | | Y收盤價39.8 W最高價41.7 |

- 開盤開低38.5，很快站上平盤價38.7，接著突破並站穩K棒Z收盤價38.9。

- 09:20創早盤高39.25。

- 10:00左右價格突破39.8（10:00過後再創高的標的要特別注意），但馬上被壓回，價格卻沒有破均價線也沒有破前低。

- 11:00又創高，壓回不破前高39.9。

- 12:00後突破40.75再創高，壓回低點一樣沒有破前低，一路走來一底比一底高，形成趨勢盤；尾盤收漲停、K棒B創新高價42.55，成為「突破的第一根紅K」。

- 收盤價是多空爭戰過後主力決定的價格，最值得參考。若是有可能創成交價新高，要考慮波段最高價，如本範例中的W最高價。

# 實戰2 左邊K棒壓力價位，突破後就是支撐

圖 7-3 【即時走勢觀察】左邊 K 棒收盤價，原本是壓力，突破後就成為後續價格發展的支撐

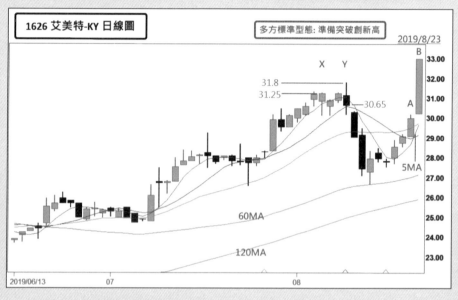

圖 7-4 【即時走勢觀察】近期波段內最高成交價，也要納入考慮

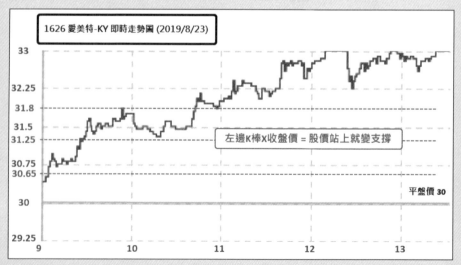

圖7-3、圖7-4範例

| | | 2019/8/22盤後選股邏輯 | 符合 |
|---|---|---|---|
| 1 | 多方標準型態 | K線呈現多方趨勢 | V |
| 2 | | K棒A收盤價30.0站上5日線、60MA上揚 | V |
| 3 | | 距離K棒×收盤價<br>31.25－30.00＝1.25<br>（約5% 漲幅即可突破） | V |
| → 決定隔日（2019/8/23）進場操作 | | | |
| 左邊K棒關鍵價位 | 支撐價位 | | A收盤價30.0 |
| | 壓力／突破價位 | | X收盤價31.25<br>Y最高價31.8 |

- 開盤跳空開高，壓回未破開盤價，氣勢相當好。

- 9:24過前高可以進場；10:00前創早盤高點，回檔未破31.25可續抱。

- 10:40之後過早盤高點並站上，早盤高點31.8同時也是K棒Y最高價，後續壓回整理都沒破31.8。

- 之後一度鎖漲停，雖然中間有打開，但收盤還是鎖漲停、順利收高、K棒B創新高價33.0，成為「突破的第一根紅K」。由於尾盤價格有再勾起，尾盤進場者可考慮留單隔日沖。

# 實戰3 即時走勢跌破均價線，一定要出場

圖 7-5 【日線圖觀察】K 棒 A 收盤價站上 5MA，有機會挑戰左邊盤整區高點

圖 7-6 【即時走勢圖觀察】股價跌破均價線，不是盤就是跌

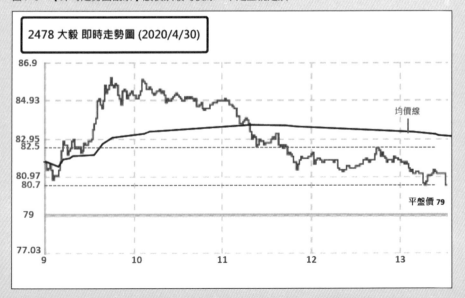

圖7-5、圖7-6範例：

| 2020/4/29盤後選股邏輯 | | 符合 |
|---|---|---|
| 多方複合型態 | 今日K棒A收盤價再創新高，股價依舊在5MA之上；且短期均線都與60MA黃金交叉 | V |
| → 決定隔日（2020/4/30）進場操作 | | |
| 左邊K棒關鍵價位 | 支撐價位 | A收盤價79.0 |
| | 壓力／突破價位 | X收盤價80.7<br>Y最高價82.5 |

- 標準早上拉升的標的，衝出去以後反折，攻擊停滯，所以我建議「早盤都是走快沖模式」。

- 均價線跌破的標的，也不適合留單做隔日沖。一般人會想留單的心態，不外乎是寄望隔天可以少賠；但我要留單的標的，追求的是隔天有機會再創新高。

- 跌破均價線的標的，姿態就不像是有機會再創新高，像這樣可能已經讓你賠錢的標的，務必要「今日事今日畢」，當天了結，不要有過多不切實際的遐想，資金運用才會有效率。

- 永遠要問自己，當沖是交易，不是投資。既然要做交易，就是要「按照現象進出」。

會長碎碎念

**當沖交易，不預設立場，一切按照市場現象進出。**

# 實戰4 即時走勢圖價格在均價線之下，絕對不進場操作

圖 7-7 【日線圖觀察】股價跌落 5MA，且 5MA 下彎＝不進場操作

圖 7-8 【即時走勢圖觀察】符合日線圖的觀測預期：價格不斷下探，均價線跟著被拖曳向下

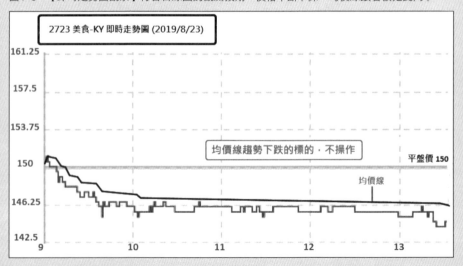

圖7-7、圖7-8範例：

- 這檔標的是個負面教材，它在日線圖的表現，股價跌破5日均線且5日均線下彎，完全不是選股策略會選中的。

- 股價開盤開高後隨即跌落，接著價格不斷創低，均價線趨勢也被往下拖曳，對於這樣的標的就是淘汰不操作。唯有等到均價線重新突破站上，價格趨勢才有被扭轉的機會。

會長
碎碎念

即時走勢圖的均價線，盤中只要跌破，不是盤就是跌！

# 實戰5 創新高時要留意左邊K棒的最高價

圖 7-9 【日線圖觀察】找出多方連續型態標的，留意波段最高點價格

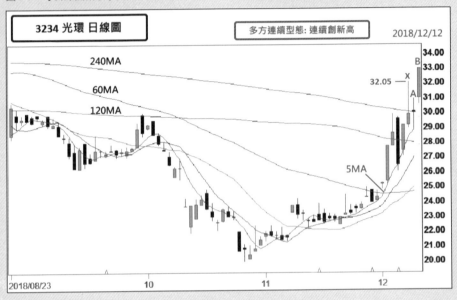

圖 7-10 【即時走勢圖觀察】要創新高，得突破波段內的最高成交價

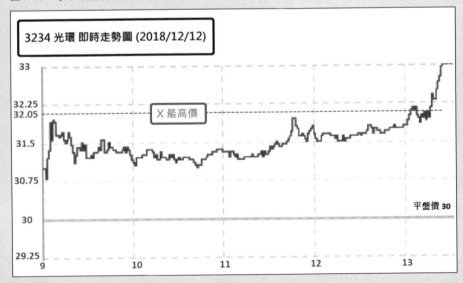

# 實戰6 即時走勢突破左邊K棒最高價，同時也過早上高點，是進場好時機

圖 7-11 【日線圖觀察】找出多方連續型態標的，今天的收盤價就是明日的支撐

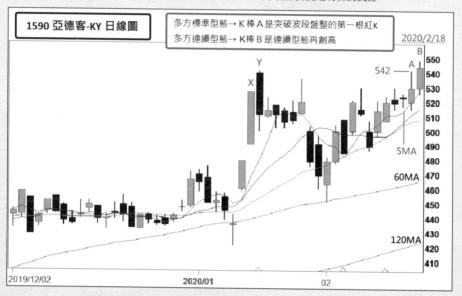

1590 亞德客-KY 日線圖

多方標準型態→K棒A是突破波段盤整的第一根紅K
多方連續型態→K棒B是連續型態再創高

圖 7-12 【即時走勢圖觀察】多方連續型態不可跌破前一個交易日的收盤價

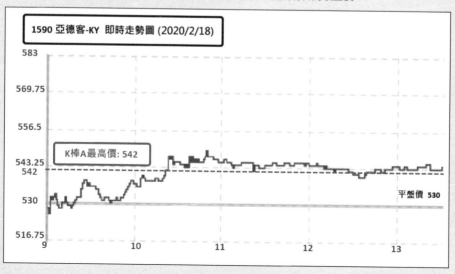

1590 亞德客-KY 即時走勢圖 (2020/2/18)

# 實戰 7

## 多方連續型態進場時機（一）
## 開盤壓回後再次突破開盤價

圖 7-13　【日線圖觀察】掌握多方連續型態，可乘勝追擊

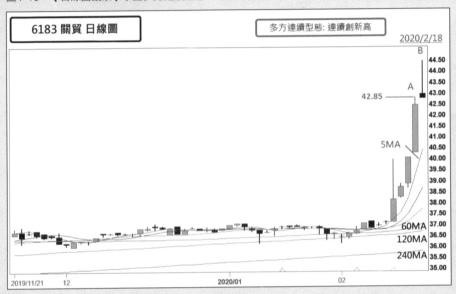

圖 7-14　【即時走勢圖觀察】早盤創高之後，回檔後卻無法再超越，要留意

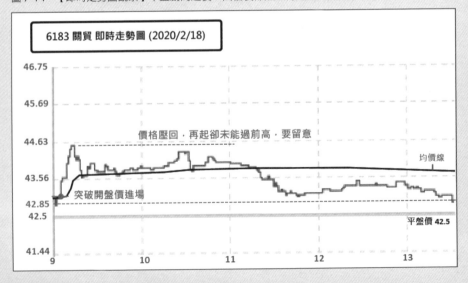

圖7-13、圖7-14範例：

| 2020/2/17盤後選股邏輯 | | 符合 |
|---|---|---|
| 多方連續型態 | 今日K棒A收盤價再創新高，股價依舊在5MA之上 | V |
| → 決定隔日（2020/2/18）進場操作 | | |
| 左邊K棒關鍵價位 | 支撐價位 | A收盤價42.5 |
| | 壓力／突破價位 | A最高價42.85 |

- 開盤跳空開高43.0，9:30前就創早上高44.5，之後壓回整理。中盤再次挑戰前高，卻在44.3就反折（挑戰前高失敗是個警訊，要存有防守意識！）

- 11:00之後跌破均價線，價格走弱，K棒B尾盤收盤價雖創新高，但留下了長上影線要注意。（之後跌了4個交易日，甚至也跌破5日均線。）

圖 7-15 【日線圖觀察】K 棒 B 之後連跌 4 個交易日直到 2/25 才出現止跌 K

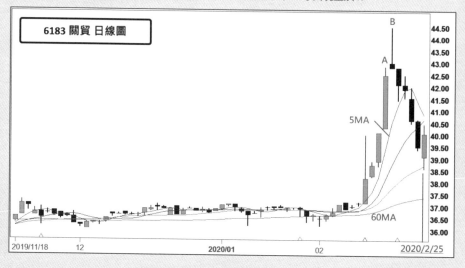

# 實戰8 多方連續型態進場時機（二）早盤高點壓回整理後，再過早盤高

圖 7-16 【日線圖觀察】股價沿著翻揚的 5MA 發展，且 60MA 也逐漸跟上並轉為上彎

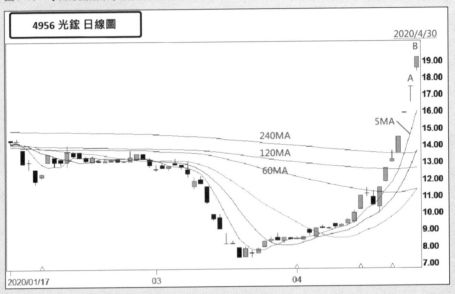

圖 7-17 【即時走勢觀察】早盤就開高衝高，漲幅超過 5%

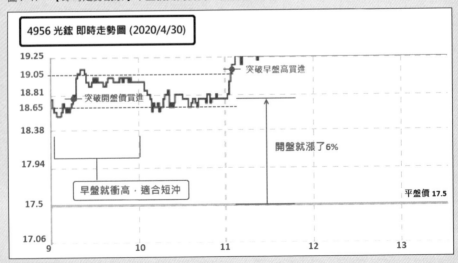

圖7-16、圖7-17範例：

| 2020/4/29盤後選股邏輯 | | 符合 |
|---|---|---|
| 多方連續型態 | 今日K棒A收盤價再創新高，股價依舊在翻揚的5MA之上 | V |
| → 決定隔日（2020/4/30）進場操作 | | |
| 左邊K棒關鍵價位 | 支撐價位 | A收盤價17.5 |
| | 突破價位 | 2019/4/19收盤價18.65<br>2019/4/16收盤價19.05 |

- 早盤就衝高，適合短沖。如果過前高有逮到，有機會賺到早盤高點前那段漲幅。考慮10％漲幅限制，由於一早漲了6％，短沖有獲利就先出掉；如果尾盤走勢好，可以考慮留單隔日沖。

- 多方連續型態通常先前交易日已漲過一波，當日開盤走高是因為留倉者隔日沖而壓回，等賣壓宣洩，才有機會突破前高。

圖 7-18 【日線圖觀察】K 棒 B 之後繼續創高，直到 5/6 出現長黑 K

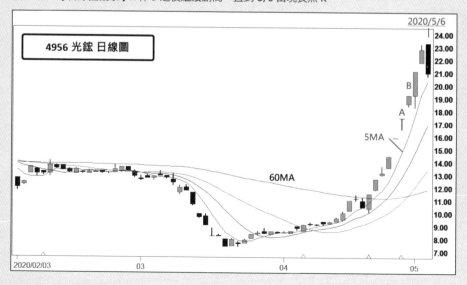

# 實戰9 鎖漲停？不要猶豫就是全賣！

圖 7-19　【日線圖觀察】K 棒 A 收盤價還在 5MA 之上，有機會繼續挑戰前高

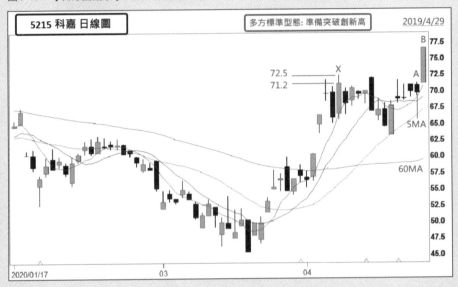

圖 7-20　【即時走勢觀察】個股早盤漲幅就超過 5%，波動度異常要注意

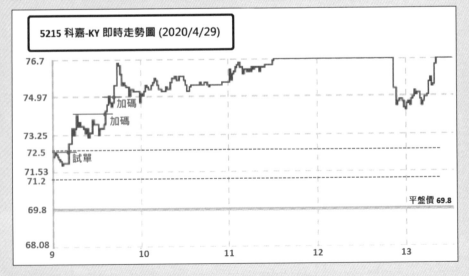

圖7-19、圖7-20範例：

| 2020/4/28盤後選股邏輯 | | 符合 |
|---|---|---|
| 想想看，從圖7-19可以支持你進場的選股邏輯是什麼？ | | |
| → 決定隔日（2020/4/29）進場操作 | | |
| 左邊K棒關鍵價位 | 支撐價位 | A收盤價69.8 |
| | 壓力／突破價位 | X收盤價69.8<br>X最高價72.5 |

- 短線高頻交易者最大的損益差別，在於確實執行「分批進場、分批出場」、「做對有加碼」。

- 交易要操練停損到不會「腳麻」，才有機會進階到「做對加碼」。

- 一般散戶對於鎖漲停，只會歡呼卻不知道要賣，等到鎖漲停解開，才緊張兮兮賣掉，賣掉後又再次拉升鎖漲停，之後就徒呼負負，覺得好像主力站在身後偷看你下單。這樣的心態是錯誤的，千萬不要貪心，漲停鎖住，我反倒感謝市場的佛心，然後全部賣給市場！如此一來，我可以再往下個標的邁進！

- 【會長盤中選股小秘訣】早盤沒有部位的人，可以不慌不忙的挑股，第一步就是先看漲跌幅5％以上的個股。這是一個很簡單的邏輯，目前台股漲跌幅上限是10％，當一支股票當天氣勢可以拉過5％，表示該標的的波動度異常。一般來說，波動度在早盤不會超過5％，只有那些主力要干預與作價的才會超過5％。

# 實戰10

連續型態的標的，開盤沒有帶跳空（或只是小跳空），就是要看尾盤表現

圖 7-21　【日線圖觀察】連續型續標的，前一個交易日收盤價不可跌破

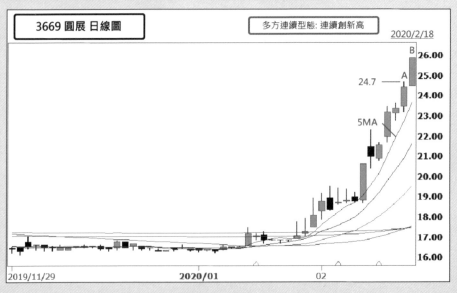

圖 7-22　【即時走勢觀察】連續型態標的，先前已有漲幅，若開盤跳空幅度小要留心

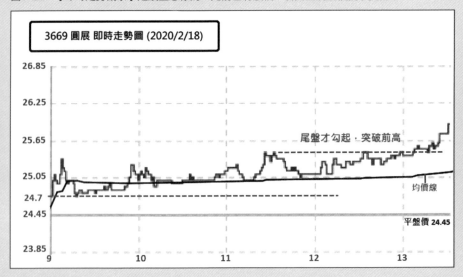

圖7-21、圖7-22範例：

| 2020/2/17盤後選股邏輯 | | 符合 |
|---|---|---|
| 多方連續型態 | 今日K棒A收盤價再創新高，股價依舊在5MA之上 | V |
| → 決定隔日（2020/2/18）進場操作 | | |
| 左邊K棒關鍵價位 | 支撐價位　　　　A收盤價24.45 | |
| | 壓力／突破價位　A最高價 24.7 | |

- 開盤跳空開高24.5，9:30前就創早上高25.35，之後壓回整理。中盤再創新高25.45（主力可能會有動作），可持續觀察主力尾盤有無作價。13:00前價格勾起，最終拉尾盤收在25.9。

- 這支股票屬於連續型態標的，因為前面幾天已累積一段漲幅，所以開盤跳空幅度小；因為開盤力道偏弱，盤中進去多半是被洗，所以最好等尾盤再說。

# 實戰11
### 如何操作
### 早盤已經開高衝高的標的？

圖 7-23 【日線圖觀察】股價沿著翻揚的 5MA 發展，目標突破左邊 K 棒價格（壓力）

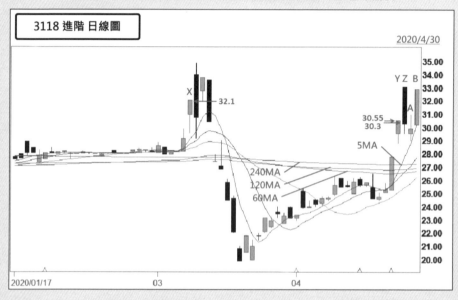

圖 7-24 【即時走勢觀察】早盤就已經開高衝高。如果沒做到，還可以觀望尾盤機會

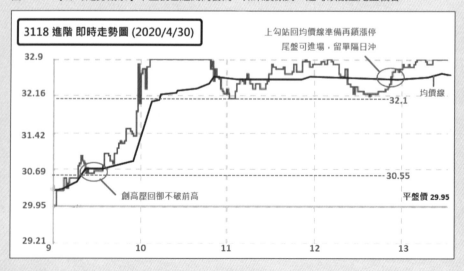

圖7-23、圖7-24範例

| | 2020/4/29盤後選股邏輯 | | 符合 |
|---|---|---|---|
| 1 | 多方標準型態 | K棒A收盤價29.95且5MA翻揚 | V |
| 2 | | 短期均線呈多方排列，且由下而上穿過60MA | V |
| 3 | | 今日收盤價左邊K棒X收盤價不遠（<10％漲幅）<br>距離K棒Y收盤價30.55－29.95＝0.6（約2％ 漲幅即可突破） | V |
| | → 決定隔天（2020/4/30）進場操作 | | |
| 左邊K棒關鍵價位 | 支撐價位 | A收盤價29.95 | |
| | 壓力／突破價位 | Y收盤價30.55<br>X最高價32.1 | |

- 早盤已經開高衝高（漲幅7-10％，一度漲停鎖死），中盤洗盤整理（出貨），這類標的要觀察，然後等尾盤。

- 尾盤勾起準備要再鎖漲停（主力將價格拉抬收在相對高或今日最高），可以進場短沖或是留單隔日沖。

- 就這檔股票的姿態而言，鎖漲停有道理。隔日若是跳空開高，還有機會再拉一根紅K出去。

- 倘若隔天又開高，就會吸引人進來做當沖，主力要出貨或獲利了結都會比較容易。所以，尾盤邏輯就是找出主力可能往上作價的股票，搭著他們的順風車，留倉觀察隔日早盤的表現，看狀況出場（隔日沖）。

# 實戰12 中盤選股，要找均價線走勢穩、偏「趨勢盤」標的

圖 7-25 【日線圖觀察】股價沿著翻揚的 5MA 發展，準備挑戰左邊盤整區高點

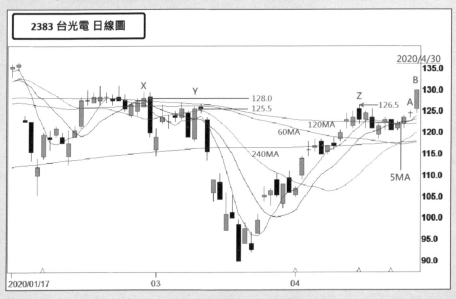

圖 7-26 【即時走勢觀察】早盤漲幅不大，股價緩緩墊高

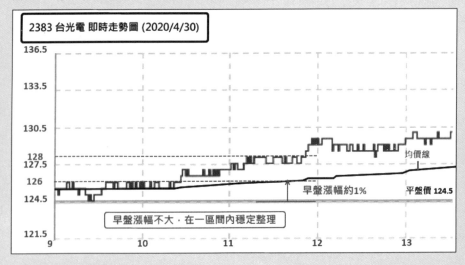

圖7-25、圖7-26範例

| 2020/4/29盤後選股邏輯 | | | 符合 |
|---|---|---|---|
| 1 | 多方標準型態 | K線呈現多方趨勢 | V |
| 2 | | 今日K棒A收盤價124.5站上5日線 | V |
| 3 | | 距離K棒Y收盤價 125.5－124.5＝1.0 （約1% 漲幅即可突破） | V |
| → 決定隔日進場操作 | | | |
| 左邊K棒關鍵價位 | 支撐價位 | A收盤價124.5 | |
| | 壓力／突破價位 | Y收盤價125.5 X收盤價128.0 | |

- 早盤漲幅不大（可能1-2％），在一區間內穩定整理，維持住型態，但會在10:00過後突破早上盤整高點，帶起一波漲勢、連續買氣，將價格推向新高、拉出空間。
- 中盤要操作的標的，盡可能找早盤漲幅不大、走勢穩定、偏趨勢盤的標的，緩緩墊高到尾盤。

# 實戰13 中盤關注標的，一定要站回均價線

圖 7-27 【日線圖觀察】5MA 由下而上穿過 60MA，短期趨勢可留意做多

圖 7-28 【即時走勢觀察】早盤開高壓回整理，10 點過後拉出一波漲勢

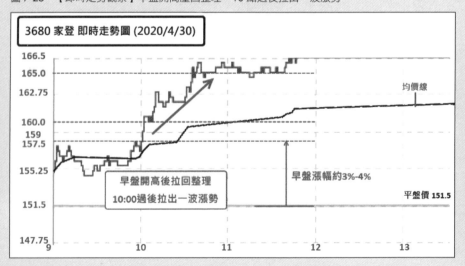

圖7-27、圖7-28範例：

| 2020/4/29盤後選股邏輯 | | | 符合 |
|---|---|---|---|
| 1 | 多方標準型態 | K線呈現多方趨勢 | V |
| 2 | | 今日K棒A收盤價151.5站上5日線 | V |
| 3 | | 距離K棒Y收盤價 160.0－151.5＝8.5（約6% 漲幅即可突破） | V |
| → 決定隔日（2020/4/30）進場操作 | | | |
| 左邊K棒關鍵價位 | 支撐價位 | A收盤價151.5 | |
| | 壓力／突破價位 | Y收盤價160.0 X收盤價165.0 | |

● 開盤開高拉回（跌破均價線先出場），之後在均價線附近持穩。早盤很常現這樣的走勢。

● 接近10:00拉出一波漲勢過早盤高點，形成一個趨勢盤格局。

# 實戰14 中盤關注標的，能否站上早盤高點是關鍵

圖 7-29　【日線圖觀察】股價沿著翻揚的 5MA 發展，準備挑戰左邊盤整區高點

圖 7-30　【即時走勢觀察】中盤股價準備突破早上高點，要留意

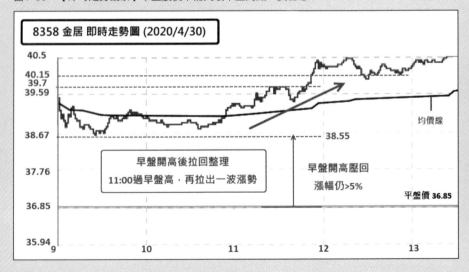

圖7-29、圖7-30範例

| 2020/4/29盤後選股邏輯 | | | 符合 |
|---|---|---|---|
| 1 | 多方標準型態 | K棒A收盤價36.85且5MA翻揚 | V |
| 2 | | 短期均線呈多方排列，且由下而上穿過60MA | V |
| 3 | | 今日收盤價距離K棒Y收盤價<br>38.55－36.85＝1.7<br>（約5% 漲幅即可突破） | V |
| → 決定隔天（2020/4/30）進場操作 | | | |
| 左邊K棒關鍵價位 | 支撐價位 | A收盤價36.85 | |
| | 壓力／突破價位 | X收盤價39.7<br>X最高價40.15 | |

- 雖然是早盤就已經衝高5％以上的標的，但漲5％之後並沒有回落太多，接下來沒有繼續創高就會陷入整理，因此中盤就不要太躁進。

- 在中盤準備再過早盤高點時要留意，因為主力可能要表態。

- 中盤要找整理但姿態強的標的（姿態強，不能破均價線）、平穩的姿態（均價線上揚），或許接近尾盤（12:00過後）會再拉升一段，就是進場的時機。

# 實戰15 中盤標的只要沒有大幅回落（跌破均價線），都可以持續關注

圖 7-31 【日線圖觀察】股價沿著翻揚的 5MA 發展，左邊高點收盤價在 10% 漲幅內

圖 7-32 【即時走勢觀察】中盤不要跌破早上高，可以續盯

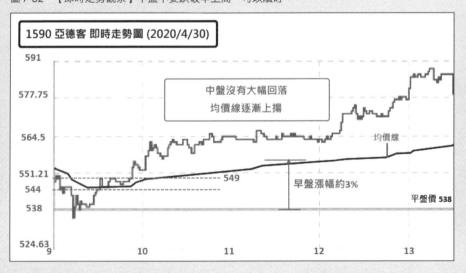

圖7-31、圖7-32範例：

| 2020/4/29盤後選股邏輯 | | | 符合 |
|---|---|---|---|
| 1 | 多方標準型態 | K棒A收盤價538且5MA翻揚 | V |
| 2 | | 短期均線呈多方排列，且由下而上穿過60MA | V |
| 3 | | 今日收盤價距離K棒X收盤價<br>544－538＝6<br>（約1.2% 漲幅即可突破） | V |
| → 決定隔天（2020/4/30）進場操作 | | | |

- 觀察這檔標的的型態，是昨天才剛修正，創短波段新高，這一類標的若隔天開盤帶跳空，都還有機會上漲。

- 因為是昨天已經有漲幅的標的，開盤開高通常不要理會，因為有隔日沖的壓力，所以容易被壓回。

- 除非開高又衝高，可以用小量試單。

- 等到再次站上開盤價，才是再次進場的理由。約9:45過早盤高，10點再創高，之後整個中盤都在整理。

- 只要價格沒有大幅回落（跌破開盤價或跌破均價線），都可以持續關注。

- 此外，這檔股票的均價線呈現上揚，尾盤有機會因為主力作價又拉出一波。（12:00後過中盤高點，尾盤型態有修正好，沒有跌破中盤高點。）

# 實戰16 尾盤進場標的，12:30後等主力表態

圖 7-33 【日線圖觀察】股價沿著翻揚的 5MA 發展，準備挑戰左邊盤整區高點

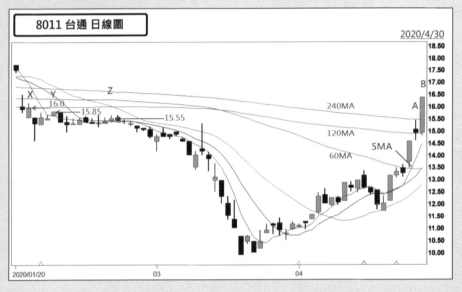

圖 7-34 【即時走勢觀察】中盤整理，尾盤勾起過前高

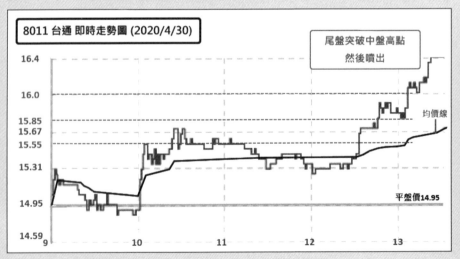

圖7-33、圖7-34範例

| 2020/4/29盤後選股邏輯 | | | 符合 |
|---|---|---|---|
| 1 | 多方標準型態 | K棒A收盤價14.95且5MA翻揚 | V |
| 2 | | 短天期均線呈多方排列，且由下而上穿過60MA | V |
| 3 | | 今日收盤價距離K棒Z收盤價<br>15.55－14.95＝0.6<br>（約4% 漲幅即可突破） | V |
| → 決定隔天（2020/4/30）進場操作 | | | |
| 左邊K棒關鍵價位 | 支撐價位 | A收盤價14.95 | |
| | 壓力／突破價位 | Z收盤價15.55<br>Y收盤價15.85<br>X收盤價16.0 | |

- 早上開高衝高，但壓回後跌破均價線，甚至跌破平盤價，這個階段連看都不用去看這支標的。

- 但接近10:00，價格重新站上均價線，又突破早盤高，價格出現回穩現象，代表主力有企圖心。

- 10點過後再創高，之後回落整理（跌破均價線照紀律出場）。

- 接近尾盤，價格先站回均價線，再突破中盤高後就是噴出。

- 尾盤，要找出主力明顯要作價的標的。早盤、盤中沒有表現，但主力可能已經有吃進一些貨，13:00前可能會出現第一次表態，目的是為了拉開價格區間，讓持有的部位全部都獲利。

# 實戰17 尾盤選股邏輯是，找出主力可能往上作價的股票

　　尾盤進場的標的，什麼樣的即時走勢圖姿態會吸引我？答案是「股價過早上高點且尾盤價格上翹」，就是這麼簡單而已。如果能順勢在漲停鎖死前買進，也可以考慮留單，隔日沖可能還有機會再賺一波。

圖 7-35 　【即時走勢觀察】尾盤選股標的（範例 1）

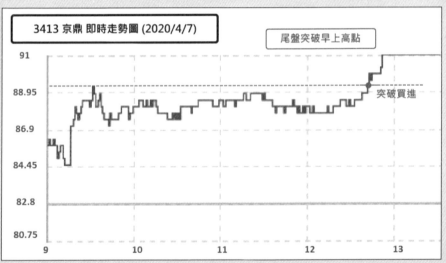

圖 7-36　【即時走勢觀察】尾盤選股標的（範例 2）

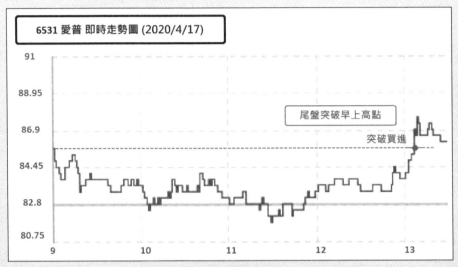

**6531 愛普 即時走勢圖 (2020/4/17)**

尾盤突破早上高點

突破買進

　　範例圖7-37，從日線圖可以解讀，66.6這個價格剛好是左邊K棒的收盤價，也是3月底到4月初一個小波段的高點。如果4/7號盤中能夠突破，代表股價轉強。圖7-38尾盤過早上高點後，壓回不破早上高點，且又過前高，就追了啊！

圖 7-37 　【日線圖觀察】66.6 是左邊 K 棒收盤價也約略是近期波段高點

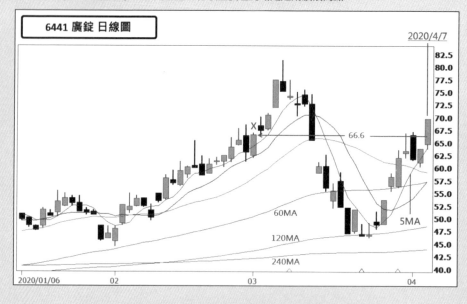

圖 7-38 　【即時走勢觀察】突破左邊 K 棒收盤價，更確認股價轉強

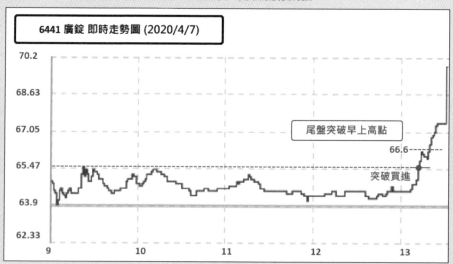

> ## 當沖小教室： 為什麼我建議新手只做早、尾盤就好？

　　我的操作模式，習慣將一天的交易時間區分為三個時段，分別是：

- 早盤時段：09:00 – 09:59
- 中盤時段：10:00 – 12:14
- 尾盤時段：12:15 – 13:24

這三個時段各有不同的操作邏輯與方式。

　　我給當沖新手的建議是：只做10:00前（主力要做出氣勢），與12:00後（尾盤去找主力有作價企圖的標的），中盤則是盡量少做、多觀察。

## 早盤時段（09:00 – 09:59），快進快出，賺到就跑

　　早盤啟動標的表徵：在我的經驗中，8成選股標的會在早盤衝高（漲幅約3-5%），而且通常高點都會在10:00之前；有時衝太高之後中盤回落，尾盤僅是稍微修正守住型態而已，所以很多股票一天的最高點都會落在10:00之前。第一個小時成交量可佔當日的至少1/3，因為若主力要做多、散戶當沖客要追價，都會集中在早盤的第一個小時，所以交易速度很快。我第一個小時的操作模

式是快進快出,「不強不買,噴出一定追」,賺到價差就出場。

## 中盤時段(10:00 – 12:14),容易被洗,多看少做

中盤啟動標的表徵:開盤有個小高點,之後進入整理但姿態強的標的(就是不能破均價線)、或平穩的姿態(均價線緩緩上揚),早盤通常不會有太多的漲幅(頂多1~2%),但中盤過後會有一波連續的買氣,將價格推向新高,拉出價差的空間,過了早上高點就是進場的時機。

## 尾盤時段(12:15 – 13:24),等著主力表態,價格勾起再進場

尾盤啟動標的表徵:尾盤標的我多半從12:30開始觀察,尾盤標的大致上有兩個樣貌:

1. 早盤已經有衝高的,中盤整理,尾盤勾起過早上高(or前高),主力將價格拉抬收在相對高或今日最高。

2. 早盤、中盤持穩沒有突出表現,但尾盤趨勢往上勾創高,主力可能要表態,可以持續盯著。

尾盤,就是要找出主力明顯要作價的標的。早盤、盤中沒有表現,但主力可能已經有吃進一些貨,13:00前可能會出現第一次表態,目的是為了拉開價格區間,讓持有的部位全部都獲利。

倘若隔天又開高,就會吸引人進來做當沖,主力要出貨或獲

利了結都會比較容易。所以，尾盤邏輯就是找出主力可能往上作價的股票，搭著他們的順風車，留倉觀察隔日早盤的表現，看狀況出場（隔日沖）。

對應日線圖趨勢、左邊 K 棒的壓力價格、即時走勢圖均價線，觀察盤中買氣是否連續、出現咬量滾量，可以幫助你收斂選股數量，盯到更精準的尾盤標的。

---

### 上班族可以留單的短線交易法

整天都強，從頭強到尾；早上普通，尾盤明顯上揚（主力拉抬＋股價收高）。

因為尾盤氣勢好，隔天開高機會大。

紀律：隔天開盤走低，必須立馬就砍單。

---

# 實戰18 突破的第一根紅K，開盤帶跳空＝氣勢好

圖 7-39 【日線圖觀察】多方標準型態標的，5MA、60MA 翻揚，可進場做多

圖 7-40 【即時走勢圖觀察】轉折低點不破，且逐步墊高，可留單隔日沖

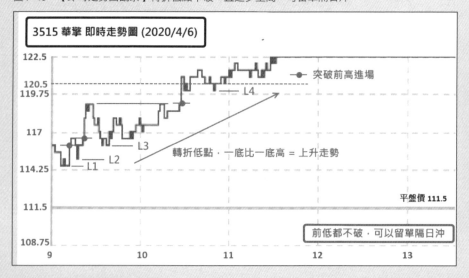

圖7-39、7-40範例

| 2020/4/1盤後選股邏輯 | | | 符合 |
|---|---|---|---|
| 1 | 多方標準型態 | K棒A收盤價111.5且5MA翻揚 | V |
| 2 | | 短期均線呈現多方排列，且短期均線由下而上穿過60MA | V |
| 3 | | 今日收盤價距離K棒X收盤價 120.5－111.5＝9.0 （10%漲幅內即可突破） | V |
| → 決定下一個交易日（2020/4/6）進場操作 | | | |
| 左邊K棒關鍵價位 | 支撐價位 | A收盤價111.5 | |
| | 壓力／突破價位 | X收盤價120.5 X最高價122.5 | |

- 跳空開高117，壓回當日最低L1＝114，之後的過開盤高(進場點)，回檔L2不破前低L1。

- 9:30之前出現早盤高點，回落L3沒跌破前低L2。

- 10:30左右突破早上高(買點)，之後拉高回檔L4不破L3。

- 12:00前即漲停鎖死到尾盤都未打開。

- 突破的第一根紅K，開盤還帶跳空的形式，氣勢很好。期待隔日會跳空開高進入「多方連續型態」，但隔日只要跌破今日收盤價122.5就走。

- 理想買點：開高壓回整理後，價格回漲突破開盤價或早盤高點，是理想買點。

- 停損原則：趨勢盤，過前高後以前低防守。

- 強勢股且可留單標的，是因為價格都站在5日線之上；反過來說，若價格跌破5日線，就算是強勢股，都不可留單。

# 實戰19 留單的標的（多方連續型態），跌破前一天收盤價一定要走

圖 7-41 【日線圖觀察】多方連續型態，前一個交易日收盤價被跌破一定要出場

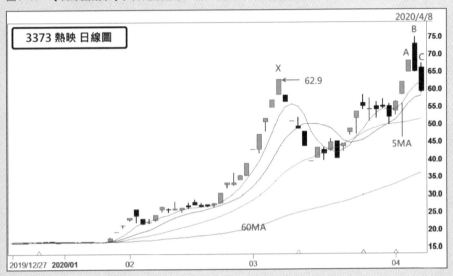

圖 7-42 【即時走勢圖觀察】K 棒 B 股價走弱，要按照紀律出場

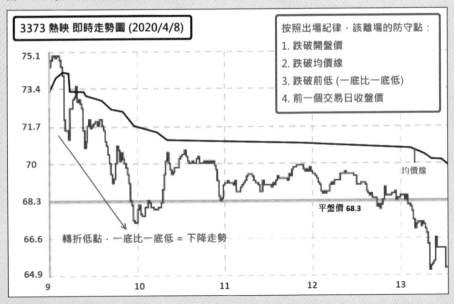

圖 7-43 【即時走勢圖觀察】股價在 K 棒 C 跌破 5 日均線

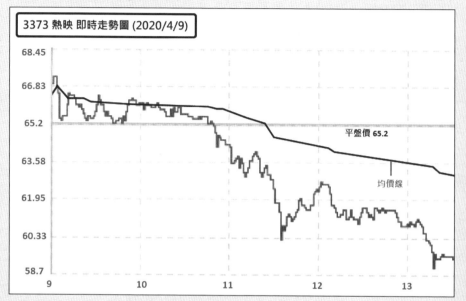

- 【K棒B，2020/4/8】開盤就跳空開高接近漲停，隨即跌破均價線（照紀律一定要出場）、破前低又創新低，直到跌破K棒A收盤價（多方連續型態的最後一道防線）就是一定要停損的時候。

- 【K棒C，2020/4/9】股價開盤開高後隨即跌落，接著價格不斷創低，均價線趨勢也被往下拖曳，這樣的標的就是淘汰不操作。唯有等到均價線重新突破站上，價格趨勢才會有被扭轉的機會。

- 股價在K棒B盤中跌破均價線，接著又跌破平盤價，若還不停損，就可能會迎來K棒C這支大黑K。透過這個範例，要再次提醒停損一定要即時，才能避開無法預測的大幅虧損。

# 實戰20 近乎鎖漲停後回跌>2%，應等待觀察，不要搶反彈

圖 7-44 【日線圖觀察】進場前心中該有的關鍵價位

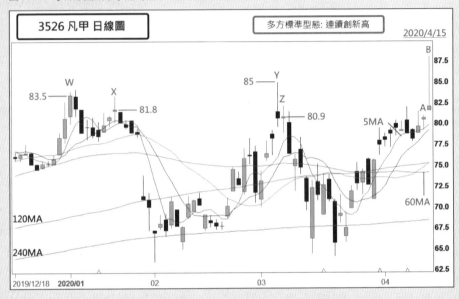

圖 7-45 【即時走勢圖觀察】左邊 K 棒關鍵價位在即時走勢有「關卡意義」

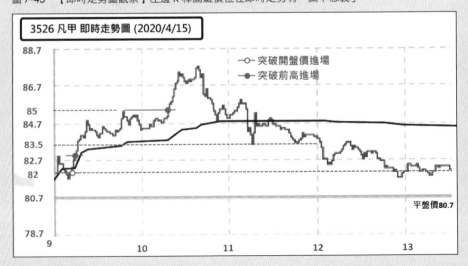

- 為什麼會關注這檔股票？因為開盤帶跳空，一舉突破了3月底到4/14這一段的盤整（圖7-44）。

- 進場前在我心中的3個價位：K棒W收盤價83.5、K棒Y最高價85，以及今日開盤價82（圖7-45）。

- 早盤開高容易壓回，等突破開盤價82進場試單（且重新站回均價線）；突破前高82.9，可加碼。

- 當靠近83.5（左邊K棒壓力價位），別再加碼，先觀望。確認站穩83.5之上，當價格在10:18分左右突破早盤高點，把剩餘資金加碼到滿（至此，一共分為3批買進）。

圖 7-46 【即時走勢圖觀察】83.5 是相當好的進場位置，因為突破左邊 K 棒且出量

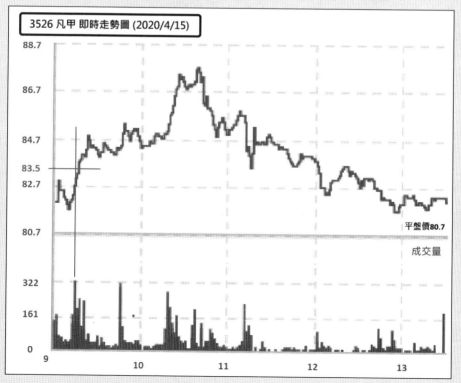

- 順利急拉到高點H1，做當沖者有賺就不要貪，而且這是急拉，不要去賭它會不會鎖漲停。

- 創高H1之後，當沖者按紀律是以前高防守，但這是一個已經拉出價差空間的案例，前高85已經遠離，所以改為隨時移動防守方式。H1壓回L決定觀望，再創高H2，當沖者此時就是按紀律以H1防守。如果是想留單者（以前低防守），當價格跌破L，就要沒有懸念的全部出場（圖7-47）。

- 如果跌破L，腳麻沒有出場，破早盤高點85是下一個停損關卡；接下來的停損選擇是均價線，如果均價線再跌破，出場是必然的選擇。是否站回均價線要再買回？應停下思考，可以漲到接近漲停又快速下殺，一定是有人在出貨了！

- 一個重要的概念：類似這樣開高走高接近漲停的標的，如果自高點急殺回檔的幅度大於2％，一般散戶會想搶反彈，但會長的操作只做順勢，絕對不低接（圖7-48）。基本上，這支股票會長今天也不會再去操作。

- 我如果要再進場，會觀察等待，看看是否有橫盤的跡象，除非尾盤價格有勾起再決定進場。

圖 7-47 【即時走勢圖觀察】當沖者心態，跌破前高出場

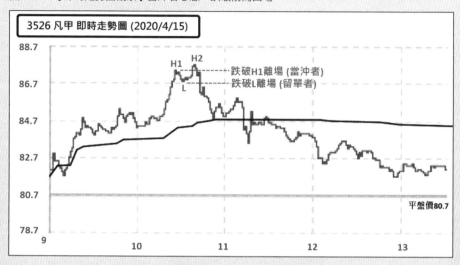

圖 7-48 【即時走勢圖觀察】高檔回跌 >2%，不要急著去搶反彈

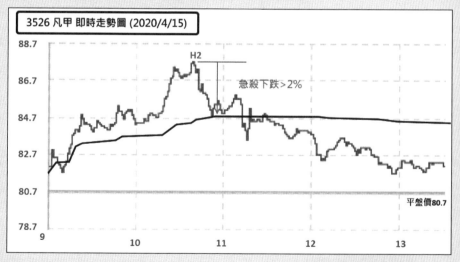

Part -8

【當沖交易大盤解析篇】

# 解析大盤背後的組成資訊，當沖交易更能遊刃有餘

當沖交易是速戰速決，除了根據眼前所見的現象交易，再加入目前大盤格局的觀察與思考，更能增加勝算。

## 8-1 美股與台股的連動關係

　　台股的趨勢性與費城半導體有正相關，原因是台股最高的成分股台積電，也是費城半導體的成分股之一。但是，要看台股短線的氣勢，則是要看道瓊指數。

　　道瓊如果今天跌了500點，台股早盤就會反應，因為台股有外資的成分，交易量佔比將近4成（陸資也算外資），而外資成分對台股方向有決定性影響的，又以美系外資為主。台商與美國生意互動頻繁，所以國外投資機構來台投資，很自然就會聯想到台商與國外高科技類股的供應鏈關係，例如蘋果概念股就是如此。

　　為什麼早盤與美股連動度高，因為台股主要是美系外資在主導。所以，美股大跌就反應在台股早盤，會有同向的關係。

　　一年之中，台股大盤約有2/3的時間會呈現盤整格局，都在早上10點前後就會看出當日的相對高低點；其他1/3的時間，才會是有明顯漲跌幅的趨勢盤。

　　如果到了約莫11點出現新的高點或低點，那麼今日走趨勢盤的機會就大增；尾盤可以留意一些空方的標的，有些12點左右再創今低的個股，很可能會一路收到最低。

　　所以，我會透過美股來觀察台股，並切割時段，區隔出早上10點前後與11點後的差別。

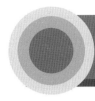

## 8-2　台幣走勢與台股

　　盤後關心一下台幣的狀況也很重要。台幣走勢與台股有什麼關係呢？

　　當台幣貶值，合理懷疑資金外逃，因為當外資連續賣超台股，把資金匯出，就會造成台幣的貶值；反過來說，如果外資匯入，造成台幣升值，外資匯入的資金又到股市買股票，由於外資占台股的投資比重極高，就會對股市有正向影響。

會長
碎碎念

台股與美股連動性高，
美股強，台股不會弱；美股弱，台股不會強。

## 8-3 看懂大盤格局，決定短線交易手法

　　當大盤指數不弱，個股比較敢漲。就大盤指數的支撐、壓力而言，站上支撐且回測不破，可預估大盤氣勢強；漲破壓力，空間沒有拉開，若回測壓力跌破，市場會產生賣壓。

　　早盤攻擊完之後，關鍵點位若被跌破就要走，停損要嚴格。跟著大盤而跌深的個股，8成以上尾盤是漲不回來的。資金此時已經輪動到其他的個股，此時上漲的股票很多都已不是開盤就漲的標的。即使早盤表現正常的標的，若跟著大盤急殺，就要跟著出場。等大盤止穩，個股也止穩，站上轉強關卡價位後，再買回不遲，這才是健康的交易心態。千萬別心存僥倖，自我感覺良好而對手上持股有遐想。

　　身為短線交易者，我會參考大盤成交量是量增或是量縮，而1,200億是我心中的基準值。當大盤成交量在1,200億～1,500億的區間內震盪，相當適合做當沖。因為量能擴充代表市場參與者多，當沖操作的接續買盤會比較強。反過來說，當大盤成交量是低於1,200億的量縮格局，代表市場參與者少，在這樣的前提下進場做短線交易，心裡要有所準備，市場追價意願低。

　　大盤量增格局時的短線當沖操作，當看到關鍵點位的突破，或是看到出量，進場做追價是沒有問題的，因為後面還會有人等

著進來要買。

如果此時是量縮格局，股價當天漲勢漲到高點同時滾出大量時，會因為市場參與者少，缺乏接續買進的人，通常都是相對的高點，這時反倒是短線當沖應該要出場的點位。

大盤量縮格局的人操作要點是前一天最好就要做好功課，先找出左邊K棒的對應價格。舉例來說，如果早盤就帶個小跳空突破左邊K棒壓力價格，且早盤成交量與昨天比擬，可判定今天量能可能擴增，那就可以進場做多。之後隨著市場後知後覺的人慢慢加入，盤中價格推升到出量的時候，就是你獲利了結出場的時刻。

**大盤成交量增的操作模式：出量、追進。**

**大盤成交量縮的操作模式：出量、則是短線的出場點。**

會長
碎碎念

大盤成交量<1,200億，可視為盤整盤。
盤整盤特性: 個股輪動高、漲勢不連續。

## 8-4 大盤盤整時應如何進行操作

　　當大盤成交量低於1,200億，可視為盤整盤，因為不到1,200億的成交量無法推升市場上的所有股票，一定會用輪動的方式，而且輪動速度相當快速，漲勢會變得不連續。

　　由於個股漲勢變得不連續，很多股票往往是今天漲，隔日開高就結束漲勢，那該如何操作短線交易？我認為在盤整盤時期，若要做短線，就是只鎖定早盤和尾盤交易。其中，尾盤交易是大盤在盤整時，最適合交易的時段與操作模式。

　　一般來說，適合尾盤交易的標的，早盤走勢相當溫和，會在一個很穩定的區間內整理，到了13:00前後，開始出現明顯量能擴充，價格往上攻擊，這是主力在早盤吃完貨，尾盤準備順勢把價格拉開的一種模式，通常這樣的標的隔天還會有高點。

　　試著把自己想像成主力，如果要讓今天吃進的貨在當天就能賺錢，尾盤會順勢往上拉，而隔天一定要想辦法快速把價格拉開，才能避免這些吃進的貨變成套牢，所以隔天價格開高拉高的機率很大。

　　回到前面說的，當大盤盤整，漲勢會不連續，所以前一日拉尾盤的標的，主力隔天要作價會集中在早盤。如果想要順勢搭上轎，就要「快進快出」，有價就沖，千萬不要貪心。早盤漲過5％的標的，往往中盤都會回落，只因為主力鬆手了。

## 8-5　外資期貨未平倉量：大盤多空的重要數據

　　法人（外資、投信、自營商）期貨持有口數也是盤後要關注的一塊，但在分析判讀上還是以外資的動向最為重要。

　　外資未平倉合約口數，若只有2～3萬多口，這樣的數字其實用來比對大盤的方向，是沒有什麼方向性可言的。在我的看法，外資未平倉合約口數，4萬口是偏多，5萬口是多方。在台指期結算日（每月第三個星期三），要留意接近結算日外資未平倉口數，如果口數超過4萬口，可以預期外資對於台股的操作會偏多往上，才能將期貨結算日的指數往上做高。

　　記住，當你看到外資持有多單未平倉口數低於兩萬口，就代表外資對於現貨大盤就是屬於偏空，不用等到數據變負的。

會長碎碎念

操作權值股需密切觀察法人動向，尤其是外資買賣超，因為只有外資買的動，內資不一定有辦法操作。

## 8-6 盤後做功課，觀察法人買賣超與個股每月財報

利用 K 線型態與價量做初步的篩選股票，只要是「K 線型態好並伴隨明顯量增」的股票，之後我就會長期去盯、去關注。

### 觀察法人買賣超，是篩選好股票的第二步驟

此外，法人是否逐步參與其中很重要，法人有參與就屬於健康的股票。畢竟市場上很多小股票，型態已做出來，若缺乏法人參與，將淪為主力在裡面做拉抬；這類主力著墨很深的股票，我認為當沖操作上就比較沒把握。所以，每天盤後我會留意法人動態，若法人開始有連續性的小量買進，且買大於賣，這樣的股票會增添我長期操作它的信心，因為這是全市場都看的到的資訊。

假設一檔標的今日成交量3,000張，法人就買超了1,500張，法人買超在整體成交量中的占比高達到1/3以上，甚至是1/2，那這檔股票就要密切注意；如果隔天順勢帶量開高，因為有法人這個市場領頭羊的角色帶頭買進，就會吸引全市場進去參與。

至於主力買賣超資訊，多半是將當天單筆買超張數大的，就會被判定為主力，但由於各家看盤平台或軟體的數據不一，所以我認為主力買賣超資訊並沒有參考價值。在我的觀察經驗裡，只要法人有買超的個股，基本上主力大部分也都會買超。

有一個值得注意的資訊是「券商買賣家數的差額」，一檔股票今天在市場上，如果買進的券商數目少於賣出券商的數目，就會讓買賣交易是負的，這代表很多券商將股票賣出，卻被特定的券商買回，而這個差值如果負越多，在我看來是好事。

此外，每月10號前公布的財報，如果每次財報公布之前，股價發展是順向的，且法人也開始買進，等到營收公布出來落差也不大（MoM（月增率）、YoY（年增率）都正向增長），等同有基本面的加持，也是另一個增加持股信心的因素。

## 價量、K線、均線作為操作的最終依據

千萬別本末倒置，在我的操作中，籌碼面、基本面資訊是落後指標，僅是輔助資訊，我的當沖策略還是以K線、價量、均線做為操作的最終依據，也是我再三強調的「現象操作」。

## 上漲中的股票，利多消息未必是好事

當一支股票在漲的過程中，最好不要出現太多利多消息。因為利多消息曝光並讓市場知道，會不會是主力想要出貨？我認為，肯定是！所以當一支股票在漲的時候，我是一點都不希望看到它的任何消息。當市場一片看好，利多消息充斥各大媒體版面時，就是主力希望市場所有人參與的時刻，就會走一段急漲波，但「萬般拉抬只為出貨」，務必留意，千萬別被股價衝昏了頭。

## 8-7　除權息時期的操作建議

　　除權息的旺季一般都在每年的7、8月份，我的建議是越早除權息的標的，越應該要勇敢去參與。個股除權息之前，都會有一定的買盤，而這些買盤主要來自於想參加配股配息的人。不同於長期投資並持有這檔股票的散戶（持有一年以上），抱著完整一整年就是等著參與除權息，這群人就僅是想抱著股票2個禮拜或是1個月，圖一個擁有參與除權息的資格。

　　如果你要買進股票參與除權息，我會優先考慮配股率，並找配息高的，而配息高的股票多半集中在中高價股與高價股，價格約是100～200元且配息高的股票是我的首選。

　　除權息前買進以參與除權息，由於市場大部分人的想法一致，所以股價通常都會有一段漲幅，假設到了除權息的前一天，價格已經有一定漲幅，也可以考慮不參與除權息，賺到價差可以先出場。

　　另一種狀況是，除權息前，股價都沒有動靜，我並不會去買進。但等到除權息前一日，卻是買進的好時機，因為通常這類前面股價沒有表現的股票，之後填權息的機會就會比較高，那就會有機會賺到股息又賺到價差。

## 除權息前有漲幅，除權息前賣出；除權息前沒有漲幅，可參加除權息

　　除權息最好做的時期是7月的上半月，因為第一批進來參與的人多，會比較熱絡，等到了8月除權息會比較冷卻一點，因為七月進場的人已經賺到錢了，8月交易量就會減少。可以推論，越早除權息的標的，通常市場的力道會越大，越有效率，除權息前就有一段漲幅，除權息後當天就填權息；而越慢除權息的標的，市場力道就會偏弱，如果除權息前已經有一段漲幅的，除權後會有一段貼息的時間要走，整理完才會再往填權之路走，反應得比較慢。

會長碎碎念

越早參與除權息的股票，通常市場反應的力道會越大，越有效率。

## 8-8　如何抓取強勢族群進行分類

### 族群性選股，是一種打群架的概念

　　短線交易者每日都會盯盤，每天自然而然就會關注哪些股票是屬於強勢股，以及它是屬於哪個產業，藉著擴散觀察其他相關的類股是否也表現不差。照這樣的方式，或許可以察覺特定的族群開始有整體性的轉強。

　　以5G這個題材舉例，當市場開始營造5G是下一個通訊世代的主角，每天盤後做功課就可以了解5G到底有哪些方面的應用。等到盤中交易時，看到A股票在漲，我自然就會去聯想有哪些股票也應該會有所反應，可能A漲完，另外B股票、C股票也漲，我就會去歸納判斷出網通5G有族群性的概念。

　　當整個產業族群整體表現強勢，整個市場都會看見，股票的流動性會較有效率，選擇進場操作這檔股票，也會相對容易。

### 只做最強標的，帶頭者夠強，才會帶動整體續強！

　　一般人可能會以為，在族群性強勢的產業中，看到A股票漲

了，就趕緊去找同族群中還沒漲的，因為之後或許會跟上！ 這是錯誤的觀念，我認為要買就要買帶頭的老大哥，因為領頭羊強，市場就會蜂擁而至，跟班的老二、老三才會跟著強，但如果老大不小心摔倒、跌跤、走弱，這些後頭跟著的小弟鳥獸散的速度一定比老大快，這樣的場景相信不難理解。

所以，建議每一個短線交易者一定要從每天盤後接觸的訊息，去消化吸收這些概念，培養相關族群類股的聯想力，等到盤中交易時，就可以產生出本能的反應去歸納、推論族群性的擴散行為，操作起股票也會變得更加順手。

附錄

# 2020年 30萬小資族當沖企劃

　　從2020/2/17開始，以一個月為一個週期，每期都以30萬元開始現股當沖交易，至截稿日2020/5/31為止，1-3期已實現獲利/損失結果，如下表說明：

| | 日期區間 | 交易日數 | 交易總筆數 | 交易總金額 | 當期損益 |
|---|---|---|---|---|---|
| 1 | 2/17-3/16 | 19 | 182 | 185,708,809 | 21,791 |
| 2 | 3/17-4/16 | 21 | 261 | 236,209,652 | 329,198 |
| 3 | 4/17-5/16 | 20 | 245 | 225,822,096 | 340,054 |

平均每日交易檔數：9-12檔

平均每日交易金額：1,100萬

　　註1：每日交易額度因人而異，會長此帳戶交易額度>2000萬，若要提高個人交易額度設定請洽營業人員

　　註2：隔日沖需有融資操作，隨著帳戶獲利，可融資金額亦會增加。

　　提供完整的對帳單，並非是要炫耀獲利結果，而是要真實呈現會長確實按照現象進出場、看對加碼、停損即時，這些都是會長奉行不悖的「對的事情」！

## 30萬小資族當沖計畫 第1輪（2/17-3/16，19交易日）

| 序號 | 交易日期 | 股票代號 | 股票名稱 | 交易類別 | 交易股數 | 建損益 | 損益金額 | 詳細 |
|---|---|---|---|---|---|---|---|---|
| 1 | 2020/03/16 | 1789 | 神隆 | 現沖 | 84,000 | | -333 | 明細 |
| 2 | 2020/03/16 | 4133 | 亞諾法 | 現沖 | 24,000 | | 12,686 | 明細 |
| 3 | 2020/03/16 | 4142 | 國光生 | 現沖 | 45,000 | | -2,627 | 明細 |
| 4 | 2020/03/16 | 4167 | 展旺 | 現沖 | 10,000 | | -1,462 | 明細 |
| 5 | 2020/03/16 | 4966 | 譜瑞-KY | 現沖 | 1,000 | | -3,176 | 明細 |
| 6 | 2020/03/16 | 6531 | 愛普 | 現沖 | 3,000 | | 2,420 | 明細 |
| 7 | 2020/03/16 | 6561 | 是方 | 現沖 | 10,000 | | 7,553 | 明細 |
| 8 | 2020/03/16 | 8403 | 盛弘 | 現沖 | 38,000 | | -6,683 | 明細 |
| 9 | 2020/03/16 | 9958 | 世紀鋼 | 現沖 | 10,000 | | -2,128 | 明細 |
| 10 | 2020/03/13 | 6561 | 是方 | 現沖 | 3,000 | | -4,916 | 明細 |
| 11 | 2020/03/13 | 6582 | 申豐 | 融資 | 15,000 | | -123,339 | 明細 |
| 12 | 2020/03/12 | 4746 | 台耀 | 現沖 | 65,000 | | -5,226 | 明細 |
| 13 | 2020/03/12 | 6582 | 申豐 | 現沖 | 30,000 | | 1,807 | 明細 |
| 14 | 2020/03/12 | 8171 | 天宇 | 現沖 | 4,000 | | -499 | 明細 |
| 15 | 2020/03/11 | 1762 | 中化生 | 現沖 | 8,000 | | -469 | 明細 |
| 16 | 2020/03/11 | 2480 | 敦陽科 | 融資 | 10,000 | | -23,286 | 明細 |
| 17 | 2020/03/11 | 3041 | 揚智 | 現沖 | 40,000 | | -4,022 | 明細 |
| 18 | 2020/03/11 | 3042 | 晶技 | 現沖 | 25,000 | | 2,406 | 明細 |
| 19 | 2020/03/11 | 3444 | 利機 | 現沖 | 15,000 | | 1,687 | 明細 |
| 20 | 2020/03/11 | 3545 | 敦泰 | 現沖 | 102,000 | | -7,234 | 明細 |
| 21 | 2020/03/11 | 3567 | 逸昌 | 現沖 | 22,000 | | 1,141 | 明細 |
| 22 | 2020/03/11 | 3609 | 東林 | 現沖 | 22,000 | | -2,013 | 明細 |
| 23 | 2020/03/11 | 3707 | 漢磊 | 現沖 | 64,000 | | -5,056 | 明細 |
| 24 | 2020/03/11 | 4142 | 國光生 | 現沖 | 40,000 | | 1,787 | 明細 |
| 25 | 2020/03/11 | 4167 | 展旺 | 現沖 | 55,000 | | -1,881 | 明細 |
| 26 | 2020/03/11 | 4746 | 台耀 | 現沖 | 41,000 | | 681 | 明細 |
| 27 | 2020/03/11 | 4977 | 眾達-KY | 現沖 | 5,000 | | 3,847 | 明細 |
| 28 | 2020/03/11 | 6472 | 保瑞 | 現沖 | 4,000 | | -20,234 | 明細 |
| 29 | 2020/03/10 | 2065 | 世豐 | 融資 | 7,000 | | -1,874 | 明細 |
| 30 | 2020/03/10 | 2342 | 茂矽 | 現沖 | 80,000 | | 6,805 | 明細 |
| 31 | 2020/03/10 | 2480 | 敦陽科 | 現沖 | 10,000 | | -2,579 | 明細 |
| 32 | 2020/03/10 | 2614 | 東森 | 現沖 | 60,000 | | 7,634 | 明細 |
| 33 | 2020/03/10 | 3217 | 優群 | 現沖 | 8,000 | | 4,814 | 明細 |
| 34 | 2020/03/10 | 3545 | 敦泰 | 現沖 | 40,000 | | 5,622 | 明細 |
| 35 | 2020/03/10 | 4545 | 銘鈺 | 現沖 | 36,000 | | 2,347 | 明細 |
| 36 | 2020/03/10 | 4967 | 十銓 | 現沖 | 40,000 | | -4,904 | 明細 |
| 37 | 2020/03/10 | 6561 | 是方 | 現沖 | 4,000 | | 3,109 | 明細 |
| 38 | 2020/03/10 | 8088 | 品安 | 現沖 | 60,000 | | 8,622 | 明細 |
| 39 | 2020/03/09 | 1701 | 中化 | 現沖 | 20,000 | | 4,122 | 明細 |
| 40 | 2020/03/09 | 1734 | 杏輝 | 現沖 | 10,000 | | -931 | 明細 |
| 41 | 2020/03/09 | 1762 | 中化生 | 現沖 | 10,000 | | 10,801 | 明細 |
| 42 | 2020/03/09 | 2065 | 世豐 | 現沖 | 21,000 | | 7,869 | 明細 |
| 43 | 2020/03/09 | 4111 | 濟生 | 現沖 | 43,000 | | 7,781 | 明細 |
| 44 | 2020/03/09 | 4155 | 訊聯 | 現沖 | 4,000 | | -776 | 明細 |
| 45 | 2020/03/09 | 4157 | 太景*-KY | 現沖 | 60,000 | | 5,162 | 明細 |
| 46 | 2020/03/09 | 4707 | 磐亞 | 現沖 | 63,000 | | -2,839 | 明細 |
| 47 | 2020/03/09 | 6561 | 是方 | 現沖 | 4,000 | | 10,659 | 明細 |
| 48 | 2020/03/09 | 6582 | 申豐 | 現沖 | 2,000 | | 280 | 明細 |
| 49 | 2020/03/09 | 8088 | 品安 | 現沖 | 25,000 | | -4,075 | 明細 |
| 50 | 2020/03/09 | 8279 | 生展 | 現沖 | 3,000 | | -1,175 | 明細 |
| 51 | 2020/03/06 | 1325 | 恒大 | 現沖 | 10,000 | | -2,258 | 明細 |
| 52 | 2020/03/06 | 1701 | 中化 | 現沖 | 50,000 | | -2,331 | 明細 |
| 53 | 2020/03/06 | 1762 | 中化生 | 現沖 | 20,000 | | 31 | 明細 |
| 54 | 2020/03/06 | 1773 | 勝一 | 現沖 | 8,000 | | -1,295 | 明細 |
| 55 | 2020/03/06 | 3014 | 聯陽 | 現沖 | 41,000 | | -11,712 | 明細 |
| 56 | 2020/03/06 | 3545 | 敦泰 | 現沖 | 60,000 | | -3,894 | 明細 |
| 57 | 2020/03/06 | 4142 | 國光生 | 現沖 | 40,000 | | 2,553 | 明細 |
| 58 | 2020/03/06 | 4746 | 台耀 | 現沖 | 42,000 | | 9,788 | 明細 |
| 59 | 2020/03/06 | 6582 | 申豐 | 現沖 | 10,000 | | 5,200 | 明細 |
| 60 | 2020/03/06 | 8112 | 至上 | 現沖 | 41,000 | | -859 | 明細 |
| 61 | 2020/03/06 | 8403 | 盛弘 | 融資 | 27,000 | | 29,743 | 明細 |
| 62 | 2020/03/05 | 1515 | 力山 | 現沖 | 11,000 | | -1,863 | 明細 |
| 63 | 2020/03/05 | 1762 | 中化生 | 融資 | 24,000 | | 4,390 | 明細 |
| 64 | 2020/03/05 | 2065 | 世豐 | 現沖 | 11,000 | | -3,671 | 明細 |
| 65 | 2020/03/05 | 3293 | 鈊象 | 現沖 | 1,000 | | 1,830 | 明細 |
| 66 | 2020/03/05 | 4967 | 十銓 | 現沖 | 23,000 | | -125 | 明細 |
| 67 | 2020/03/05 | 4973 | 廣穎 | 現沖 | 50,000 | | -2,626 | 明細 |
| 68 | 2020/03/05 | 5212 | 凌網 | 現沖 | 28,000 | | 3,931 | 明細 |
| 69 | 2020/03/05 | 5471 | 松翰 | 現沖 | 2,000 | | -56 | 明細 |
| 70 | 2020/03/05 | 5904 | 寶雅 | 現沖 | 2,000 | | -2,379 | 明細 |
| 71 | 2020/03/05 | 6441 | 廣錳 | 現沖 | 13,000 | | 9,445 | 明細 |

帳號：[redacted]99-[redacted] 2020/02/17 至 2020/03/16 交易別：全部

| 序號 | 交易日期 | 股票代號 | 股票名稱 | 交易類別 | 交易股數 | 買進均價 | 賣出均價 | 投資成本 | 損益金額 | 報酬率 | 詳細 |
|---|---|---|---|---|---|---|---|---|---|---|---|
| 72 | 2020/03/05 | 6531 | 愛普 | 現沖 | 1,000 | [redacted] | [redacted] | [redacted] | -1,256 | [redacted] | 明細 |
| 73 | 2020/03/05 | 6532 | 瑞耘 | 現沖 | 37,000 | [redacted] | [redacted] | [redacted] | 2,664 | [redacted] | 明細 |
| 74 | 2020/03/05 | 6582 | 申豐 | 現沖 | 14,000 | [redacted] | [redacted] | [redacted] | 1,134 | [redacted] | 明細 |
| 75 | 2020/03/05 | 6669 | 緯穎 | 現沖 | 1,000 | [redacted] | [redacted] | [redacted] | -2,406 | [redacted] | 明細 |
| 76 | 2020/03/05 | 8046 | 南電 | 現沖 | 15,000 | [redacted] | [redacted] | [redacted] | 3,561 | [redacted] | 明細 |
| 77 | 2020/03/05 | 8271 | 宇瞻 | 現沖 | 15,000 | [redacted] | [redacted] | [redacted] | -181 | [redacted] | 明細 |
| 78 | 2020/03/05 | 8403 | 盛弘 | 現沖 | 30,000 | [redacted] | [redacted] | [redacted] | 5,115 | [redacted] | 明細 |
| 79 | 2020/03/04 | 1762 | 中化生 | 現沖 | 6,000 | [redacted] | [redacted] | [redacted] | 304 | [redacted] | 明細 |
| 80 | 2020/03/04 | 2348 | 海悅 | 現沖 | 27,000 | [redacted] | [redacted] | [redacted] | -4,603 | [redacted] | 明細 |
| 81 | 2020/03/04 | 2368 | 金像電 | 現沖 | 75,000 | [redacted] | [redacted] | [redacted] | 202 | [redacted] | 明細 |
| 82 | 2020/03/04 | 4133 | 亞諾法 | 現沖 | 8,000 | [redacted] | [redacted] | [redacted] | -1,419 | [redacted] | 明細 |
| 83 | 2020/03/04 | 4142 | 國光生 | 融資 | 31,000 | [redacted] | [redacted] | [redacted] | 22,171 | [redacted] | 明細 |
| 84 | 2020/03/04 | 4167 | 展旺 | 現沖 | 20,000 | [redacted] | [redacted] | [redacted] | -1,167 | [redacted] | 明細 |
| 85 | 2020/03/04 | 4735 | 豪展 | 現沖 | 8,000 | [redacted] | [redacted] | [redacted] | 405 | [redacted] | 明細 |
| 86 | 2020/03/04 | 4746 | 台耀 | 現沖 | 5,000 | [redacted] | [redacted] | [redacted] | 310 | [redacted] | 明細 |
| 87 | 2020/03/04 | 5471 | 松翰 | 現沖 | 44,000 | [redacted] | [redacted] | [redacted] | 1,837 | [redacted] | 明細 |
| 88 | 2020/03/04 | 6441 | 廣錠 | 現沖 | 3,000 | [redacted] | [redacted] | [redacted] | -1,187 | [redacted] | 明細 |
| 89 | 2020/03/04 | 6582 | 申豐 | 現沖 | 10,000 | [redacted] | [redacted] | [redacted] | 2,315 | [redacted] | 明細 |
| 90 | 2020/03/03 | 1904 | 正隆 | 現沖 | 70,000 | [redacted] | [redacted] | [redacted] | 5,526 | [redacted] | 明細 |
| 91 | 2020/03/03 | 3530 | 晶相光 | 現沖 | 22,000 | [redacted] | [redacted] | [redacted] | -47,683 | [redacted] | 明細 |
| 92 | 2020/03/03 | 4142 | 國光生 | 現沖 | 79,000 | [redacted] | [redacted] | [redacted] | 5,852 | [redacted] | 明細 |
| 93 | 2020/03/03 | 6441 | 廣錠 | 現沖 | 16,000 | [redacted] | [redacted] | [redacted] | 8,702 | [redacted] | 明細 |
| 94 | 2020/03/02 | 1325 | 恆大 | 現沖 | 25,000 | [redacted] | [redacted] | [redacted] | -4,927 | [redacted] | 明細 |
| 95 | 2020/03/02 | 4142 | 國光生 | 現沖 | 110,000 | [redacted] | [redacted] | [redacted] | 9,544 | [redacted] | 明細 |
| 96 | 2020/03/02 | 5536 | 聖暉 | 現沖 | 10,000 | [redacted] | [redacted] | [redacted] | 1,543 | [redacted] | 明細 |
| 97 | 2020/03/02 | 6441 | 廣錠 | 現沖 | 10,000 | [redacted] | [redacted] | [redacted] | 2,452 | [redacted] | 明細 |
| 98 | 2020/03/02 | 6538 | 倉和 | 現沖 | 2,000 | [redacted] | [redacted] | [redacted] | -3,129 | [redacted] | 明細 |
| 99 | 2020/03/02 | 6561 | 是方 | 現沖 | 4,000 | [redacted] | [redacted] | [redacted] | 9,712 | [redacted] | 明細 |
| 100 | 2020/02/27 | 1218 | 泰山 | 現沖 | 30,000 | [redacted] | [redacted] | [redacted] | 2,111 | [redacted] | 明細 |
| 101 | 2020/02/27 | 1325 | 恆大 | 現沖 | 35,000 | [redacted] | [redacted] | [redacted] | 8,907 | [redacted] | 明細 |
| 102 | 2020/02/27 | 1731 | 美吾華 | 現沖 | 10,000 | [redacted] | [redacted] | [redacted] | -283 | [redacted] | 明細 |
| 103 | 2020/02/27 | 1732 | 毛寶 | 現沖 | 50,000 | [redacted] | [redacted] | [redacted] | 11,347 | [redacted] | 明細 |
| 104 | 2020/02/27 | 1906 | 寶隆 | 現沖 | 65,000 | [redacted] | [redacted] | [redacted] | 13,647 | [redacted] | 明細 |
| 105 | 2020/02/27 | 1907 | 永豐餘 | 現沖 | 50,000 | [redacted] | [redacted] | [redacted] | -8,870 | [redacted] | 明細 |
| 106 | 2020/02/27 | 1909 | 榮成 | 現沖 | 40,000 | [redacted] | [redacted] | [redacted] | -3,936 | [redacted] | 明細 |
| 107 | 2020/02/27 | 2480 | 敦陽科 | 現沖 | 19,000 | [redacted] | [redacted] | [redacted] | 2,750 | [redacted] | 明細 |
| 108 | 2020/02/27 | 3479 | 安勤 | 現沖 | 5,000 | [redacted] | [redacted] | [redacted] | 2,676 | [redacted] | 明細 |
| 109 | 2020/02/27 | 4133 | 亞諾法 | 現沖 | 25,000 | [redacted] | [redacted] | [redacted] | 2,747 | [redacted] | 明細 |
| 110 | 2020/02/27 | 4927 | 泰鼎-KY | 現沖 | 1,000 | [redacted] | [redacted] | [redacted] | -210 | [redacted] | 明細 |
| 111 | 2020/02/27 | 5269 | 祥碩 | 融資 | 1,000 | [redacted] | [redacted] | [redacted] | -11,766 | [redacted] | 明細 |
| 112 | 2020/02/27 | 6441 | 廣錠 | 現沖 | 39,000 | [redacted] | [redacted] | [redacted] | -4,482 | [redacted] | 明細 |
| 113 | 2020/02/27 | 9919 | 康那香 | 現沖 | 10,000 | [redacted] | [redacted] | [redacted] | 1,106 | [redacted] | 明細 |
| 114 | 2020/02/26 | 3526 | 凡甲 | 融資 | 10,000 | [redacted] | [redacted] | [redacted] | -11,497 | [redacted] | 明細 |
| 115 | 2020/02/25 | 2342 | 茂矽 | 現沖 | 11,000 | [redacted] | [redacted] | [redacted] | -2,945 | [redacted] | 明細 |
| 116 | 2020/02/25 | 3526 | 凡甲 | 現沖 | 31,000 | [redacted] | [redacted] | [redacted] | -11,334 | [redacted] | 明細 |
| 117 | 2020/02/25 | 3546 | 宇峻 | 現沖 | 1,000 | [redacted] | [redacted] | [redacted] | 1,274 | [redacted] | 明細 |
| 118 | 2020/02/25 | 5269 | 祥碩 | 現沖 | 5,000 | [redacted] | [redacted] | [redacted] | 39,598 | [redacted] | 明細 |
| 119 | 2020/02/25 | 6432 | 今展科 | 現沖 | 18,000 | [redacted] | [redacted] | [redacted] | 617 | [redacted] | 明細 |
| 120 | 2020/02/25 | 6441 | 廣錠 | 現沖 | 10,000 | [redacted] | [redacted] | [redacted] | 2,572 | [redacted] | 明細 |
| 121 | 2020/02/25 | 6541 | 泰福-KY | 融資 | 15,000 | [redacted] | [redacted] | [redacted] | -18,482 | [redacted] | 明細 |
| 122 | 2020/02/24 | 3014 | 聯陽 | 現沖 | 2,000 | [redacted] | [redacted] | [redacted] | -314 | [redacted] | 明細 |
| 123 | 2020/02/24 | 3609 | 東林 | 現沖 | 15,000 | [redacted] | [redacted] | [redacted] | 1,804 | [redacted] | 明細 |
| 124 | 2020/02/24 | 4735 | 豪展 | 現沖 | 54,000 | [redacted] | [redacted] | [redacted] | -13,918 | [redacted] | 明細 |
| 125 | 2020/02/24 | 4967 | 十銓 | 現沖 | 6,000 | [redacted] | [redacted] | [redacted] | -826 | [redacted] | 明細 |
| 126 | 2020/02/24 | 5203 | 訊連 | 現沖 | 7,000 | [redacted] | [redacted] | [redacted] | -4,565 | [redacted] | 明細 |
| 127 | 2020/02/24 | 6111 | 大宇資 | 現沖 | 15,000 | [redacted] | [redacted] | [redacted] | -4,999 | [redacted] | 明細 |
| 128 | 2020/02/24 | 6210 | 慶生 | 現沖 | 12,000 | [redacted] | [redacted] | [redacted] | -6,711 | [redacted] | 明細 |
| 129 | 2020/02/24 | 6504 | 南六 | 現沖 | 4,000 | [redacted] | [redacted] | [redacted] | -2,847 | [redacted] | 明細 |
| 130 | 2020/02/24 | 6538 | 倉和 | 現沖 | 9,000 | [redacted] | [redacted] | [redacted] | 4,150 | [redacted] | 明細 |
| 131 | 2020/02/24 | 8489 | 三貝德 | 現沖 | 8,000 | [redacted] | [redacted] | [redacted] | -72 | [redacted] | 明細 |
| 132 | 2020/02/21 | 1473 | 台南 | 現沖 | 25,000 | [redacted] | [redacted] | [redacted] | -3,007 | [redacted] | 明細 |
| 133 | 2020/02/21 | 2065 | 世豐 | 現沖 | 52,000 | [redacted] | [redacted] | [redacted] | 8,184 | [redacted] | 明細 |
| 134 | 2020/02/21 | 2327 | 國巨 | 現沖 | 1,000 | [redacted] | [redacted] | [redacted] | 107 | [redacted] | 明細 |
| 135 | 2020/02/21 | 3293 | 鈊象 | 現沖 | 1,000 | [redacted] | [redacted] | [redacted] | -5,070 | [redacted] | 明細 |
| 136 | 2020/02/21 | 3450 | 聯鈞 | 現沖 | 10,000 | [redacted] | [redacted] | [redacted] | -6,436 | [redacted] | 明細 |
| 137 | 2020/02/21 | 3624 | 光頡 | 現沖 | 20,000 | [redacted] | [redacted] | [redacted] | -3,203 | [redacted] | 明細 |
| 138 | 2020/02/21 | 4167 | 展旺 | 現沖 | 65,000 | [redacted] | [redacted] | [redacted] | -2,306 | [redacted] | 明細 |
| 139 | 2020/02/21 | 4707 | 磐亞 | 現沖 | 100,000 | [redacted] | [redacted] | [redacted] | 8,473 | [redacted] | 明細 |
| 140 | 2020/02/21 | 4735 | 豪展 | 現沖 | 39,000 | [redacted] | [redacted] | [redacted] | 2,852 | [redacted] | 明細 |
| 141 | 2020/02/21 | 6170 | 統振 | 現沖 | 30,000 | [redacted] | [redacted] | [redacted] | -2,213 | [redacted] | 明細 |
| 142 | 2020/02/21 | 6504 | 南六 | 現沖 | 3,000 | [redacted] | [redacted] | [redacted] | -1,964 | [redacted] | 明細 |
| 143 | 2020/02/21 | 8155 | 博智 | 融資 | 4,000 | [redacted] | [redacted] | [redacted] | 11,978 | [redacted] | 明細 |
| 144 | 2020/02/21 | 8489 | 三貝德 | 現沖 | 6,000 | [redacted] | [redacted] | [redacted] | 6,183 | [redacted] | 明細 |
| 145 | 2020/02/20 | 1315 | 達新 | 現沖 | 15,000 | [redacted] | [redacted] | [redacted] | 5,336 | [redacted] | 明細 |
| 146 | 2020/02/20 | 1707 | 葡萄王 | 現沖 | 3,000 | [redacted] | [redacted] | [redacted] | -4,203 | [redacted] | 明細 |

| 序號 | 交易日期 | 股票代號 | 股票名稱 | 交易類別 | 交易股數 | 買進均價 | 賣出均價 | 投資成本 | 損益金額 | 報酬率 | 詳細 |
|---|---|---|---|---|---|---|---|---|---|---|---|
| 147 | 2020/02/20 | 3227 | 原相 | 現沖 | 5,000 | | | | -2,867 | | 明細 |
| 148 | 2020/02/20 | 3479 | 安勤 | 融資 | 8,000 | | | | 14,164 | | 明細 |
| 149 | 2020/02/20 | 3515 | 華擎 | 現沖 | 5,000 | | | | 1,947 | | 明細 |
| 150 | 2020/02/20 | 3530 | 晶相光 | 現沖 | 1,000 | | | | -219 | | 明細 |
| 151 | 2020/02/20 | 4119 | 旭富 | 現沖 | 5,000 | | | | 1,349 | | 明細 |
| 152 | 2020/02/20 | 4167 | 展旺 | 現沖 | 10,000 | | | | -2,282 | | 明細 |
| 153 | 2020/02/20 | 4735 | 豪展 | 現沖 | 15,000 | | | | 9,188 | | 明細 |
| 154 | 2020/02/20 | 4967 | 十銓 | 現沖 | 30,000 | | | | 4,648 | | 明細 |
| 155 | 2020/02/20 | 5904 | 寶雅 | 現沖 | 2,000 | | | | 9,021 | | 明細 |
| 156 | 2020/02/20 | 6441 | 廣錠 | 現沖 | 1,000 | | | | -615 | | 明細 |
| 157 | 2020/02/20 | 6532 | 瑞耘 | 現沖 | 21,000 | | | | 1,625 | | 明細 |
| 158 | 2020/02/20 | 8155 | 博智 | 現沖 | 16,000 | | | | -7,226 | | 明細 |
| 159 | 2020/02/20 | 8454 | 富邦媒 | 現沖 | 2,000 | | | | -11,884 | | 明細 |
| 160 | 2020/02/19 | 4744 | 皇將 | 現沖 | 42,000 | | | | 3,583 | | 明細 |
| 161 | 2020/02/19 | 4977 | 眾達-KY | 現沖 | 2,000 | | | | -2,454 | | 明細 |
| 162 | 2020/02/19 | 5212 | 凌網 | 現沖 | 14,000 | | | | 1,996 | | 明細 |
| 163 | 2020/02/19 | 6203 | 海韻電 | 現沖 | 22,000 | | | | 237 | | 明細 |
| 164 | 2020/02/19 | 6523 | 達電廣 | 現沖 | 50,000 | | | | 14,760 | | 明細 |
| 165 | 2020/02/19 | 6670 | 復盛應用 | 現沖 | 3,000 | | | | 3,820 | | 明細 |
| 166 | 2020/02/18 | 1590 | 亞德客-KY | 現沖 | 3,000 | | | | -11,081 | | 明細 |
| 167 | 2020/02/18 | 2049 | 上銀 | 現沖 | 2,000 | | | | 5,756 | | 明細 |
| 168 | 2020/02/18 | 3530 | 晶相光 | 現沖 | 3,000 | | | | 3,055 | | 明細 |
| 169 | 2020/02/18 | 3669 | 圓展 | 現沖 | 24,000 | | | | 959 | | 明細 |
| 170 | 2020/02/18 | 5904 | 寶雅 | 現沖 | 1,000 | | | | -2,018 | | 明細 |
| 171 | 2020/02/18 | 6183 | 關貿 | 現沖 | 14,000 | | | | 1,143 | | 明細 |
| 172 | 2020/02/18 | 6187 | 萬潤 | 現沖 | 19,000 | | | | 5,726 | | 明細 |
| 173 | 2020/02/18 | 6441 | 廣錠 | 現沖 | 20,000 | | | | 1,828 | | 明細 |
| 174 | 2020/02/18 | 6547 | 高端疫苗 | 現股 | 7,000 | | | | 20,515 | | 明細 |
| 175 | 2020/02/18 | 6667 | 信紘科 | 現沖 | 23,000 | | | | 739 | | 明細 |
| 176 | 2020/02/17 | 1315 | 達新 | 現沖 | 26,000 | | | | 2,640 | | 明細 |
| 177 | 2020/02/17 | 3293 | 鈊象 | 現沖 | 3,000 | | | | -6,916 | | 明細 |
| 178 | 2020/02/17 | 3669 | 圓展 | 現沖 | 38,000 | | | | 2,375 | | 明細 |
| 179 | 2020/02/17 | 4707 | 磐亞 | 現沖 | 65,000 | | | | 2,343 | | 明細 |
| 180 | 2020/02/17 | 5904 | 寶雅 | 融資 | 1,000 | | | | 6,249 | | 明細 |
| 181 | 2020/02/17 | 6432 | 今展科 | 現沖 | 14,000 | | | | 1,837 | | 明細 |
| 182 | 2020/02/17 | 6532 | 瑞耘 | 現沖 | 26,000 | | | | 964 | | 明細 |
| | | | 合計 | | | | | | 21,791 | | |

| 投資成本 | 185,708,809 | 損益 | 21,791 |
|---|---|---|---|

會長碎碎念

當沖者就是追強除弱，當天就會把不夠強勢的部位了結，絕對不會留到收盤，也不會留到隔天！

## 30萬小資族當沖計畫 第2輪（3/17-4/16，21交易日）

| 序號 | 交易日期 | 投資代號 | 投資名稱 | 交易類別 | 交易股數 | 買進均價 | 賣出均價 | 投資成本 | 損益金額 | 勝賺率 | 詳細 |
|---|---|---|---|---|---|---|---|---|---|---|---|
| 1 | 2020/04/16 | 2342 | 茂矽 | 現沖 | 60,000 | | | | -11,510 | | |
| 2 | 2020/04/16 | 2368 | 金像電 | 現沖 | 10,000 | | | | -2,037 | | |
| 3 | 2020/04/16 | 3042 | 晶技 | 現沖 | 5,000 | | | | 1,463 | | |
| 4 | 2020/04/16 | 3374 | 精材 | 現沖 | 10,000 | | | | 1,740 | | |
| 5 | 2020/04/16 | 3551 | 世禾 | 現沖 | 10,000 | | | | -2,921 | | |
| 6 | 2020/04/16 | 3661 | 世芯-KY | 現沖 | 10,000 | | | | -6,833 | | |
| 7 | 2020/04/16 | 4171 | 瑞基 | 現沖 | 6,000 | | | | 7,576 | | |
| 8 | 2020/04/16 | 4966 | 譜瑞-KY | 現沖 | 1,000 | | | | -8,304 | | |
| 9 | 2020/04/16 | 6166 | 凌華 | 現沖 | 17,000 | | | | 9,527 | | |
| 10 | 2020/04/16 | 6251 | 定穎 | 現沖 | 70,000 | | | | 11,903 | | |
| 11 | 2020/04/16 | 6504 | 南六 | 現沖 | 3,000 | | | | 2,022 | | |
| 12 | 2020/04/16 | 6532 | 瑞耘 | 現沖 | 18,000 | | | | 4,363 | | |
| 13 | 2020/04/16 | 6538 | 倉和 | 現沖 | 2,000 | | | | -3,960 | | |
| 14 | 2020/04/16 | 8046 | 南電 | 現沖 | 41,000 | | | | 4,479 | | |
| 15 | 2020/04/16 | 8155 | 博智 | 現沖 | 6,000 | | | | 8,047 | | |
| 16 | 2020/04/16 | 8454 | 富邦媒 | 現沖 | 2,000 | | | | -6,800 | | |
| 17 | 2020/04/15 | 2355 | 敬鵬 | 現沖 | 48,000 | | | | 6,750 | | |
| 18 | 2020/04/15 | 2368 | 金像電 | 融資 | 30,000 | | | | 10,112 | | |
| 19 | 2020/04/15 | 3526 | 凡甲 | 現沖 | 38,000 | | | | -3,459 | | |
| 20 | 2020/04/15 | 4735 | 豪展 | 現沖 | 5,000 | | | | 2,381 | | |
| 21 | 2020/04/15 | 5212 | 凌網 | 現沖 | 7,000 | | | | 8,704 | | |
| 22 | 2020/04/15 | 5604 | 中連貨 | 現沖 | 12,000 | | | | 6,853 | | |
| 23 | 2020/04/15 | 5904 | 寶雅 | 現沖 | 1,000 | | | | 1,142 | | |
| 24 | 2020/04/15 | 6121 | 新普 | 現沖 | 1,000 | | | | 1,419 | | |
| 25 | 2020/04/15 | 6146 | 耕興 | 現沖 | 4,000 | | | | 645 | | |
| 26 | 2020/04/15 | 6231 | 系統 | 現沖 | 10,000 | | | | 2,027 | | |
| 27 | 2020/04/15 | 6245 | 立端 | 現沖 | 7,000 | | | | -2,196 | | |
| 28 | 2020/04/15 | 6426 | 統新 | 現沖 | 10,000 | | | | 6,918 | | |
| 29 | 2020/04/15 | 6441 | 廣宇 | 現沖 | 15,000 | | | | 573 | | |
| 30 | 2020/04/15 | 8482 | 商億-KY | 現沖 | 5,000 | | | | 6,971 | | |
| 31 | 2020/04/15 | 8996 | 高力 | 現沖 | 15,000 | | | | 3,688 | | |
| 32 | 2020/04/14 | 1590 | 亞德客-KY | 現沖 | 2,000 | | | | 2,702 | | |
| 33 | 2020/04/14 | 1720 | 生達 | 現沖 | 20,000 | | | | 735 | | |
| 34 | 2020/04/14 | 2207 | 和泰車 | 現沖 | 1,000 | | | | -2,965 | | |
| 35 | 2020/04/14 | 2478 | 大毅 | 現沖 | 15,000 | | | | 10,820 | | |
| 36 | 2020/04/14 | 2939 | 凱羿-KY | 現沖 | 5,000 | | | | 8,296 | | |
| 37 | 2020/04/14 | 3042 | 晶技 | 現沖 | 20,000 | | | | -5,951 | | |
| 38 | 2020/04/14 | 3152 | 璟德 | 現沖 | 3,000 | | | | -1,082 | | |
| 39 | 2020/04/14 | 3526 | 凡甲 | 現沖 | 12,000 | | | | 1,180 | | |
| 40 | 2020/04/14 | 3545 | 敦泰 | 現沖 | 20,000 | | | | 307 | | |
| 41 | 2020/04/14 | 3563 | 牧德 | 現沖 | 4,000 | | | | -1,219 | | |
| 42 | 2020/04/14 | 4171 | 瑞基 | 現沖 | 5,000 | | | | 6,998 | | |
| 43 | 2020/04/14 | 4735 | 豪展 | 現沖 | 30,000 | | | | 9,346 | | |
| 44 | 2020/04/14 | 4968 | 立積 | 現沖 | 4,000 | | | | 2,339 | | |
| 45 | 2020/04/14 | 5212 | 凌網 | 現沖 | 1,000 | | | | -207 | | |
| 46 | 2020/04/14 | 6213 | 聯茂 | 現沖 | 5,000 | | | | -8,875 | | |
| 47 | 2020/04/14 | 6426 | 統新 | 現沖 | 5,000 | | | | 4,010 | | |
| 48 | 2020/04/14 | 6531 | 愛德 | 現沖 | 1,000 | | | | 290 | | |
| 49 | 2020/04/14 | 8454 | 富邦媒 | 現沖 | 1,000 | | | | 2,663 | | |
| 50 | 2020/04/13 | 2471 | 資通 | 現沖 | 35,000 | | | | 3,061 | | |
| 51 | 2020/04/13 | 3545 | 敦泰 | 現沖 | 10,000 | | | | -303 | | |
| 52 | 2020/04/13 | 3588 | 通嘉 | 現沖 | 30,000 | | | | 3,409 | | |
| 53 | 2020/04/13 | 3680 | 家登 | 現沖 | 5,000 | | | | 210 | | |
| 54 | 2020/04/13 | 4102 | 永日 | 現沖 | 30,000 | | | | 737 | | |
| 55 | 2020/04/13 | 4126 | 太醫 | 現沖 | 10,000 | | | | -7,045 | | |
| 56 | 2020/04/13 | 4576 | 大銀微系統 | 現沖 | 15,000 | | | | 5,136 | | |
| 57 | 2020/04/13 | 5264 | 鎧勝-KY | 現沖 | 45,000 | | | | -4,545 | | |
| 58 | 2020/04/13 | 6196 | 帆宣 | 現沖 | 25,000 | | | | -304 | | |
| 59 | 2020/04/13 | 6230 | 超眾 | 現沖 | 4,000 | | | | -883 | | |
| 60 | 2020/04/13 | 6279 | 胡連 | 融資 | 10,000 | | | | 1,900 | | |
| 61 | 2020/04/13 | 6414 | 樺漢 | 現沖 | 5,000 | | | | 3,373 | | |
| 62 | 2020/04/13 | 6438 | 迅得 | 現沖 | 20,000 | | | | 6,436 | | |
| 63 | 2020/04/13 | 6531 | 愛德 | 現沖 | 2,000 | | | | 1,604 | | |
| 64 | 2020/04/13 | 6561 | 是方 | 現沖 | 3,000 | | | | -2,415 | | |
| 65 | 2020/04/13 | 6667 | 信紘科 | 現沖 | 3,000 | | | | -263 | | |
| 66 | 2020/04/13 | 8044 | 網家 | 現沖 | 4,000 | | | | -1,160 | | |
| 67 | 2020/04/10 | 1590 | 亞德客-KY | 現沖 | 2,000 | | | | 1,232 | | |
| 68 | 2020/04/10 | 1720 | 生達 | 現沖 | 27,000 | | | | 7,075 | | |
| 69 | 2020/04/10 | 2207 | 和泰車 | 現沖 | 2,000 | | | | -10,875 | | |
| 70 | 2020/04/10 | 3152 | 璟德 | 現沖 | 2,000 | | | | 953 | | |
| 71 | 2020/04/10 | 3338 | 泰碩 | 現沖 | 10,000 | | | | 2,194 | | |

| 序號 | 交易日期 | 股票代號 | 股票名稱 | 交易類別 | 交易股數 | 買進均價 | 賣出均價 | 投資成本 | 損益金額 | 報酬率 | 詳細 |
|---|---|---|---|---|---|---|---|---|---|---|---|
| 72 | 2020/04/10 | 3545 | 敦泰 | 現沖 | 15,000 | | | | -8,340 | | 明細 |
| 73 | 2020/04/10 | 4142 | 國光生 | 現沖 | 40,000 | | | | 5,328 | | 明細 |
| 74 | 2020/04/10 | 4576 | 大銨微系統 | 現沖 | 28,000 | | | | 2,216 | | 明細 |
| 75 | 2020/04/10 | 4994 | 傳奇 | 現沖 | 7,000 | | | | 3,430 | | 明細 |
| 76 | 2020/04/10 | 5215 | 科嘉-KY | 現沖 | 7,000 | | | | 4,591 | | 明細 |
| 77 | 2020/04/10 | 5288 | 豐祥-KY | 現沖 | 18,000 | | | | -401 | | 明細 |
| 78 | 2020/04/10 | 5471 | 松翰 | 現沖 | 25,000 | | | | -3,101 | | 明細 |
| 79 | 2020/04/10 | 6196 | 帆宣 | 現沖 | 15,000 | | | | 4,201 | | 明細 |
| 80 | 2020/04/10 | 6279 | 胡連 | 現沖 | 11,000 | | | | 1,104 | | 明細 |
| 81 | 2020/04/10 | 8044 | 網家 | 現沖 | 13,000 | | | | 4,244 | | 明細 |
| 82 | 2020/04/09 | 1325 | 恒大 | 現沖 | 20,000 | | | | 4,365 | | 明細 |
| 83 | 2020/04/09 | 1762 | 中化生 | 現沖 | 14,000 | | | | -3,196 | | 明細 |
| 84 | 2020/04/09 | 3083 | 網龍 | 現沖 | 20,000 | | | | 6,229 | | 明細 |
| 85 | 2020/04/09 | 3131 | 弘憶 | 現沖 | 2,000 | | | | -816 | | 明細 |
| 86 | 2020/04/09 | 3515 | 華擎 | 現沖 | 10,000 | | | | 505 | | 明細 |
| 87 | 2020/04/09 | 3529 | 力旺 | 現沖 | 4,000 | | | | 3,584 | | 明細 |
| 88 | 2020/04/09 | 4142 | 國光生 | 現沖 | 120,000 | | | | 9,630 | | 明細 |
| 89 | 2020/04/09 | 5203 | 訊連 | 現沖 | 15,000 | | | | -18,053 | | 明細 |
| 90 | 2020/04/09 | 6172 | 互億 | 現沖 | 13,000 | | | | -2,985 | | 明細 |
| 91 | 2020/04/09 | 6231 | 系微 | 現沖 | 25,000 | | | | 2,634 | | 明細 |
| 92 | 2020/04/09 | 6441 | 廣錠 | 現沖 | 5,000 | | | | -8,347 | | 明細 |
| 93 | 2020/04/09 | 6582 | 申豐 | 現沖 | 23,000 | | | | 6,588 | | 明細 |
| 94 | 2020/04/09 | 6683 | 雍智科技 | 現沖 | 2,000 | | | | 2,300 | | 明細 |
| 95 | 2020/04/09 | 8271 | 宇瞻 | 融資 | 30,000 | | | | 1,887 | | 明細 |
| 96 | 2020/04/09 | 8454 | 富邦媒 | 現沖 | 3,000 | | | | 5,571 | | 明細 |
| 97 | 2020/04/08 | 2375 | 凱美 | 現沖 | 139,000 | | | | 1,061 | | 明細 |
| 98 | 2020/04/08 | 3152 | 璟德 | 現沖 | 5,000 | | | | -6,097 | | 明細 |
| 99 | 2020/04/08 | 3217 | 優群 | 現沖 | 1,000 | | | | 542 | | 明細 |
| 100 | 2020/04/08 | 3624 | 光頡 | 現沖 | 97,000 | | | | 7,461 | | 明細 |
| 101 | 2020/04/08 | 6223 | 旺矽 | 現沖 | 10,000 | | | | 875 | | 明細 |
| 102 | 2020/04/08 | 6488 | 環球晶 | 現沖 | 3,000 | | | | -8,100 | | 明細 |
| 103 | 2020/04/08 | 6643 | M31 | 現沖 | 5,000 | | | | 4,242 | | 明細 |
| 104 | 2020/04/08 | 6679 | 鈺太 | 現沖 | 6,000 | | | | 4,901 | | 明細 |
| 105 | 2020/04/07 | 2478 | 大毅 | 現沖 | 20,000 | | | | 10,816 | | 明細 |
| 106 | 2020/04/07 | 3217 | 優群 | 現沖 | 8,000 | | | | -2,247 | | 明細 |
| 107 | 2020/04/07 | 3324 | 雙鴻 | 現沖 | 5,000 | | | | -3,874 | | 明細 |
| 108 | 2020/04/07 | 3413 | 京鼎 | 現沖 | 6,000 | | | | 1,539 | | 明細 |
| 109 | 2020/04/07 | 3443 | 創意 | 現沖 | 5,000 | | | | 7,077 | | 明細 |
| 110 | 2020/04/07 | 3511 | 矽瑪 | 現沖 | 36,000 | | | | -4,925 | | 明細 |
| 111 | 2020/04/07 | 5212 | 凌網 | 現沖 | 9,000 | | | | -3,552 | | 明細 |
| 112 | 2020/04/07 | 5289 | 宜鼎 | 現沖 | 5,000 | | | | -1,614 | | 明細 |
| 113 | 2020/04/07 | 6176 | 瑞儀 | 現沖 | 20,000 | | | | 938 | | 明細 |
| 114 | 2020/04/07 | 6223 | 旺矽 | 現沖 | 30,000 | | | | 650 | | 明細 |
| 115 | 2020/04/07 | 6278 | 台表科 | 現沖 | 10,000 | | | | 2,508 | | 明細 |
| 116 | 2020/04/07 | 6416 | 瑞祺電通 | 融資 | 6,000 | | | | 16,385 | | 明細 |
| 117 | 2020/04/07 | 6441 | 廣錠 | 現沖 | 18,000 | | | | 7,057 | | 明細 |
| 118 | 2020/04/07 | 6669 | 緯穎 | 現沖 | 1,000 | | | | 599 | | 明細 |
| 119 | 2020/04/07 | 9938 | 百和 | 現沖 | 18,000 | | | | 5,089 | | 明細 |
| 120 | 2020/04/06 | 2368 | 金像電 | 現沖 | 27,000 | | | | 142 | | 明細 |
| 121 | 2020/04/06 | 2371 | 大同 | 現沖 | 35,000 | | | | -6,194 | | 明細 |
| 122 | 2020/04/06 | 3293 | 鈊象 | 現沖 | 3,000 | | | | 6,607 | | 明細 |
| 123 | 2020/04/06 | 3373 | 熱映 | 現沖 | 7,000 | | | | -2,090 | | 明細 |
| 124 | 2020/04/06 | 3530 | 晶相光 | 現沖 | 10,000 | | | | 1,972 | | 明細 |
| 125 | 2020/04/06 | 3546 | 宇峻 | 現沖 | 3,000 | | | | 917 | | 明細 |
| 126 | 2020/04/06 | 3669 | 圓展 | 現沖 | 34,000 | | | | 3,232 | | 明細 |
| 127 | 2020/04/06 | 4735 | 豪展 | 現沖 | 20,000 | | | | 18,273 | | 明細 |
| 128 | 2020/04/06 | 4736 | 泰博 | 現沖 | 4,000 | | | | -3,298 | | 明細 |
| 129 | 2020/04/06 | 4967 | 十銓 | 現沖 | 25,000 | | | | 3,683 | | 明細 |
| 130 | 2020/04/06 | 5212 | 凌網 | 現沖 | 9,000 | | | | 300 | | 明細 |
| 131 | 2020/04/06 | 5289 | 宜鼎 | 現沖 | 5,000 | | | | -4,020 | | 明細 |
| 132 | 2020/04/06 | 5471 | 松翰 | 現沖 | 55,000 | | | | 3,050 | | 明細 |
| 133 | 2020/04/06 | 5904 | 寶雅 | 融資 | 2,000 | | | | -43,992 | | 明細 |
| 134 | 2020/04/01 | 1720 | 生達 | 現沖 | 50,000 | | | | -13,751 | | 明細 |
| 135 | 2020/04/01 | 3373 | 熱映 | 現沖 | 35,000 | | | | -3,082 | | 明細 |
| 136 | 2020/04/01 | 3515 | 華擎 | 現沖 | 6,000 | | | | 6,746 | | 明細 |
| 137 | 2020/04/01 | 3529 | 力旺 | 融資 | 2,000 | | | | -6,665 | | 明細 |
| 138 | 2020/04/01 | 3530 | 晶相光 | 現沖 | 43,000 | | | | -7,920 | | 明細 |
| 139 | 2020/04/01 | 4121 | 優盛 | 現沖 | 152,000 | | | | -5,053 | | 明細 |
| 140 | 2020/04/01 | 4735 | 豪展 | 現沖 | 13,000 | | | | -5,278 | | 明細 |
| 141 | 2020/04/01 | 5269 | 祥碩 | 現沖 | 1,000 | | | | -5,489 | | 明細 |
| 142 | 2020/04/01 | 5471 | 松翰 | 現沖 | 15,000 | | | | 2,105 | | 明細 |
| 143 | 2020/04/01 | 5904 | 寶雅 | 現沖 | 2,000 | | | | 25,811 | | 明細 |
| 144 | 2020/04/01 | 6441 | 廣錠 | 現沖 | 14,000 | | | | -1,868 | | 明細 |
| 145 | 2020/04/01 | 6561 | 是方 | 現沖 | 2,000 | | | | 916 | | 明細 |
| 146 | 2020/04/01 | 8454 | 富邦媒 | 現沖 | 1,000 | | | | 2,227 | | 明細 |

帳號： ████ 09-18 █ 2020/03/17 █ 至 2020/04/16 █ 交易別：全部 █

| 序號 | 交易日期 | 股票代號 | 商品名稱 | 交易類別 | 交易股數 | 買進均價 | 賣出均價 | 投資成本 | 損益金額 | 報酬率 | 詳細 |
|---|---|---|---|---|---|---|---|---|---|---|---|
| 147 | 2020/03/31 | 1218 | 泰山 | 現沖 | 17,000 | | | | 1,927 | | 明細 |
| 148 | 2020/03/31 | 3450 | 聯鈞 | 現沖 | 13,000 | | | | -3,272 | | 明細 |
| 149 | 2020/03/31 | 3526 | 凡甲 | 現沖 | 22,000 | | | | -3,480 | | 明細 |
| 150 | 2020/03/31 | 3529 | 力旺 | 現沖 | 3,000 | | | | 6,121 | | 明細 |
| 151 | 2020/03/31 | 3563 | 牧德 | 現沖 | 3,000 | | | | 6,518 | | 明細 |
| 152 | 2020/03/31 | 4967 | 十銓 | 現沖 | 25,000 | | | | 2,223 | | 明細 |
| 153 | 2020/03/31 | 5289 | 宜鼎 | 現沖 | 6,000 | | | | -252 | | 明細 |
| 154 | 2020/03/31 | 6146 | 耕興 | 現沖 | 6,000 | | | | -15,798 | | 明細 |
| 155 | 2020/03/31 | 6166 | 凌華 | 現沖 | 11,000 | | | | -5,022 | | 明細 |
| 156 | 2020/03/31 | 6416 | 瑞祺電通 | 融資 | 6,000 | | | | 5,707 | | 明細 |
| 157 | 2020/03/31 | 6441 | 廣宇 | 現沖 | 39,000 | | | | 7,589 | | 明細 |
| 158 | 2020/03/31 | 6561 | 是方 | 現沖 | 7,000 | | | | -2,140 | | 明細 |
| 159 | 2020/03/31 | 8046 | 南電 | 現沖 | 20,000 | | | | -6,561 | | 明細 |
| 160 | 2020/03/31 | 8454 | 富邦媒 | 現沖 | 3,000 | | | | 7,316 | | 明細 |
| 161 | 2020/03/30 | 3515 | 華擎 | 現沖 | 9,000 | | | | 1,817 | | 明細 |
| 162 | 2020/03/30 | 4735 | 豪展 | 現沖 | 10,000 | | | | 3,314 | | 明細 |
| 163 | 2020/03/30 | 4973 | 廣穎 | 現沖 | 33,000 | | | | -1,657 | | 明細 |
| 164 | 2020/03/30 | 6166 | 凌華 | 現沖 | 34,000 | | | | 7,857 | | 明細 |
| 165 | 2020/03/30 | 6166 | 凌華 | 融資 | 11,000 | | | | 16,674 | | 明細 |
| 166 | 2020/03/30 | 6230 | 超眾 | 現沖 | 2,000 | | | | 5,142 | | 明細 |
| 167 | 2020/03/30 | 6561 | 是方 | 現沖 | 1,000 | | | | -1,487 | | 明細 |
| 168 | 2020/03/30 | 6582 | 申豐 | 現沖 | 21,000 | | | | 7,843 | | 明細 |
| 169 | 2020/03/27 | 1536 | 和大 | 融資 | 10,000 | | | | 55,683 | | 明細 |
| 170 | 2020/03/27 | 1597 | 直得 | 現沖 | 10,000 | | | | -148 | | 明細 |
| 171 | 2020/03/27 | 1760 | 寶齡富錦 | 現沖 | 8,000 | | | | 5,040 | | 明細 |
| 172 | 2020/03/27 | 2368 | 金像電 | 現沖 | 10,000 | | | | 176 | | 明細 |
| 173 | 2020/03/27 | 3669 | 圓展 | 現沖 | 55,000 | | | | 8,270 | | 明細 |
| 174 | 2020/03/27 | 4736 | 泰博 | 現沖 | 4,000 | | | | 2,748 | | 明細 |
| 175 | 2020/03/27 | 5234 | 達興材料 | 現沖 | 9,000 | | | | -1,803 | | 明細 |
| 176 | 2020/03/27 | 6238 | 勝麗 | 現沖 | 3,000 | | | | 1,772 | | 明細 |
| 177 | 2020/03/27 | 6538 | 倉和 | 現沖 | 3,000 | | | | -3,951 | | 明細 |
| 178 | 2020/03/26 | 1218 | 泰山 | 現沖 | 40,000 | | | | -275 | | 明細 |
| 179 | 2020/03/26 | 1536 | 和大 | 現沖 | 53,000 | | | | 7,293 | | 明細 |
| 180 | 2020/03/26 | 2395 | 研華 | 現沖 | 6,000 | | | | 2,529 | | 明細 |
| 181 | 2020/03/26 | 3413 | 京鼎 | 現沖 | 5,000 | | | | -8,601 | | 明細 |
| 182 | 2020/03/26 | 3529 | 力旺 | 現沖 | 1,000 | | | | 1,583 | | 明細 |
| 183 | 2020/03/26 | 3563 | 牧德 | 現沖 | 2,000 | | | | 4,084 | | 明細 |
| 184 | 2020/03/26 | 6223 | 旺矽 | 現沖 | 16,000 | | | | 2,202 | | 明細 |
| 185 | 2020/03/26 | 6510 | 精測 | 現沖 | 1,000 | | | | 5,614 | | 明細 |
| 186 | 2020/03/26 | 8046 | 南電 | 現沖 | 4,000 | | | | -1,497 | | 明細 |
| 187 | 2020/03/26 | 9802 | 鈺齊-KY | 現沖 | 7,000 | | | | 77 | | 明細 |
| 188 | 2020/03/26 | 9938 | 百和 | 現沖 | 25,000 | | | | 1,041 | | 明細 |
| 189 | 2020/03/25 | 1752 | 南光 | 融資 | 14,000 | | | | 21,744 | | 明細 |
| 190 | 2020/03/25 | 3005 | 神基 | 現沖 | 4,000 | | | | -376 | | 明細 |
| 191 | 2020/03/25 | 3373 | 熱映 | 現沖 | 7,000 | | | | 1,153 | | 明細 |
| 192 | 2020/03/25 | 3545 | 敦泰 | 現沖 | 25,000 | | | | 3,622 | | 明細 |
| 193 | 2020/03/25 | 4973 | 廣穎 | 現沖 | 20,000 | | | | 662 | | 明細 |
| 194 | 2020/03/25 | 6261 | 久元 | 現沖 | 20,000 | | | | 3,050 | | 明細 |
| 195 | 2020/03/25 | 6441 | 廣宇 | 現沖 | 20,000 | | | | 12,279 | | 明細 |
| 196 | 2020/03/25 | 6538 | 倉和 | 現沖 | 2,000 | | | | 4,091 | | 明細 |
| 197 | 2020/03/25 | 8271 | 宇瞻 | 現沖 | 30,000 | | | | 4,053 | | 明細 |
| 198 | 2020/03/25 | 8996 | 高力 | 現沖 | 19,000 | | | | 7,629 | | 明細 |
| 199 | 2020/03/24 | 1752 | 南光 | 現沖 | 34,000 | | | | 5,484 | | 明細 |
| 200 | 2020/03/24 | 3152 | 璟德 | 現沖 | 3,000 | | | | 7,542 | | 明細 |
| 201 | 2020/03/24 | 3217 | 優群 | 現沖 | 9,000 | | | | 3,102 | | 明細 |
| 202 | 2020/03/24 | 3563 | 牧德 | 現沖 | 2,000 | | | | 1,625 | | 明細 |
| 203 | 2020/03/24 | 3680 | 家登 | 現沖 | 2,000 | | | | 1,108 | | 明細 |
| 204 | 2020/03/24 | 4736 | 泰博 | 現沖 | 4,000 | | | | -5,204 | | 明細 |
| 205 | 2020/03/24 | 5289 | 宜鼎 | 現沖 | 7,000 | | | | -3,896 | | 明細 |
| 206 | 2020/03/24 | 6561 | 是方 | 現沖 | 2,000 | | | | -12,909 | | 明細 |
| 207 | 2020/03/24 | 6667 | 信紘科 | 現沖 | 17,000 | | | | 3,301 | | 明細 |
| 208 | 2020/03/24 | 6669 | 緯穎 | 現沖 | 3,000 | | | | -7,857 | | 明細 |
| 209 | 2020/03/24 | 8155 | 博智 | 現沖 | 2,000 | | | | 51 | | 明細 |
| 210 | 2020/03/24 | 8454 | 富邦媒 | 現沖 | 1,000 | | | | 1,370 | | 明細 |
| 211 | 2020/03/23 | 1701 | 中化 | 現沖 | 21,000 | | | | 288 | | 明細 |
| 212 | 2020/03/23 | 1762 | 中化生 | 現沖 | 54,000 | | | | -8,988 | | 明細 |
| 213 | 2020/03/23 | 2102 | 泰豐 | 現沖 | 40,000 | | | | -1,638 | | 明細 |
| 214 | 2020/03/23 | 3081 | 聯亞 | 現沖 | 2,000 | | | | -4,900 | | 明細 |
| 215 | 2020/03/23 | 3131 | 弘塑 | 現沖 | 2,000 | | | | -124 | | 明細 |
| 216 | 2020/03/23 | 3705 | 永信 | 現沖 | 8,000 | | | | 1,168 | | 明細 |
| 217 | 2020/03/23 | 4102 | 永日 | 現沖 | 31,000 | | | | -2,644 | | 明細 |
| 218 | 2020/03/23 | 4735 | 豪展 | 現沖 | 10,000 | | | | -280 | | 明細 |
| 219 | 2020/03/23 | 4927 | 泰鼎-KY | 現沖 | 10,000 | | | | -93 | | 明細 |
| 220 | 2020/03/23 | 8044 | 網家 | 現沖 | 18,000 | | | | 2,692 | | 明細 |
| 221 | 2020/03/20 | 1603 | 華電 | 現沖 | 26,000 | | | | 7,460 | | 明細 |

帳號：██████99·█ █ 2020/03/17 ▦ 至 2020/04/16 ▦ 交易別：全部 ▾

| 序號 | 交易日期 | 投資代號 | 股票名稱 | 交易類別 | 交易股數 | 買進均價 | 賣出均價 | 投資成本 | 損益金額 | 報酬率 | 詳細 |
|---|---|---|---|---|---|---|---|---|---|---|---|
| 222 | 2020/03/20 | 2207 | 和泰車 | 現沖 | 5,000 | | | | 14,114 | | 詳細 |
| 223 | 2020/03/20 | 4966 | 譜瑞-KY | 現沖 | 1,000 | | | | 941 | | 詳細 |
| 224 | 2020/03/20 | 5269 | 祥碩 | 現沖 | 2,000 | | | | -1,498 | | 詳細 |
| 225 | 2020/03/20 | 5289 | 宜鼎 | 現沖 | 2,000 | | | | 3,476 | | 詳細 |
| 226 | 2020/03/20 | 5536 | 聖暉 | 現沖 | 3,000 | | | | 1,029 | | 詳細 |
| 227 | 2020/03/20 | 6561 | 是方 | 現沖 | 4,000 | | | | 3,695 | | 詳細 |
| 228 | 2020/03/20 | 6670 | 復盛應用 | 現沖 | 3,000 | | | | 7,150 | | 詳細 |
| 229 | 2020/03/20 | 6679 | 鈺太 | 現沖 | 5,000 | | | | 3,485 | | 詳細 |
| 230 | 2020/03/20 | 8299 | 群聯 | 現沖 | 1,000 | | | | -899 | | 詳細 |
| 231 | 2020/03/20 | 8454 | 富邦媒 | 融資 | 2,000 | | | | 20,718 | | 詳細 |
| 232 | 2020/03/19 | 1227 | 佳格 | 現沖 | 10,000 | | | | 4,960 | | 詳細 |
| 233 | 2020/03/19 | 1732 | 毛寶 | 現沖 | 5,000 | | | | 1,974 | | 詳細 |
| 234 | 2020/03/19 | 2207 | 和泰車 | 現沖 | 1,000 | | | | -656 | | 詳細 |
| 235 | 2020/03/19 | 3152 | 璟德 | 現沖 | 1,000 | | | | -4,415 | | 詳細 |
| 236 | 2020/03/19 | 3217 | 優群 | 現沖 | 13,000 | | | | -3,379 | | 詳細 |
| 237 | 2020/03/19 | 3293 | 鉛象 | 現沖 | 1,000 | | | | 2,093 | | 詳細 |
| 238 | 2020/03/19 | 4133 | 亞諾法 | 現沖 | 5,000 | | | | -1,268 | | 詳細 |
| 239 | 2020/03/19 | 4735 | 豪展 | 融資 | 12,000 | | | | 66 | | 詳細 |
| 240 | 2020/03/19 | 4966 | 譜瑞-KY | 現沖 | 1,000 | | | | 3,962 | | 詳細 |
| 241 | 2020/03/19 | 6230 | 超眾 | 現沖 | 9,000 | | | | 10,130 | | 詳細 |
| 242 | 2020/03/19 | 6415 | 砂力-KY | 現沖 | 6,000 | | | | -70,022 | | 詳細 |
| 243 | 2020/03/18 | 3016 | 嘉晶 | 現沖 | 10,000 | | | | -5,020 | | 詳細 |
| 244 | 2020/03/18 | 3217 | 優群 | 現沖 | 29,000 | | | | 9,040 | | 詳細 |
| 245 | 2020/03/18 | 4133 | 亞諾法 | 現沖 | 30,000 | | | | 700 | | 詳細 |
| 246 | 2020/03/18 | 4142 | 國光生 | 現沖 | 10,000 | | | | -818 | | 詳細 |
| 247 | 2020/03/18 | 4735 | 豪展 | 現沖 | 21,000 | | | | 3,510 | | 詳細 |
| 248 | 2020/03/18 | 5269 | 祥碩 | 現沖 | 1,000 | | | | 6,661 | | 詳細 |
| 249 | 2020/03/18 | 6531 | 愛普 | 現沖 | 8,000 | | | | -12,401 | | 詳細 |
| 250 | 2020/03/18 | 6547 | 高端疫苗 | 現股 | 7,000 | | | | 8,193 | | 詳細 |
| 251 | 2020/03/18 | 8046 | 南電 | 現沖 | 25,000 | | | | 1,129 | | 詳細 |
| 252 | 2020/03/18 | 8996 | 高力 | 現沖 | 25,000 | | | | 4,738 | | 詳細 |
| 253 | 2020/03/17 | 2368 | 金像電 | 現沖 | 125,000 | | | | -12,049 | | 詳細 |
| 254 | 2020/03/17 | 2448 | 晶電 | 現沖 | 30,000 | | | | -2,336 | | 詳細 |
| 255 | 2020/03/17 | 3016 | 嘉晶 | 現沖 | 6,000 | | | | -1,187 | | 詳細 |
| 256 | 2020/03/17 | 3515 | 華擎 | 現沖 | 10,000 | | | | 7,635 | | 詳細 |
| 257 | 2020/03/17 | 4102 | 永日 | 現沖 | 30,000 | | | | 3,443 | | 詳細 |
| 258 | 2020/03/17 | 6531 | 愛普 | 現沖 | 10,000 | | | | 3,229 | | 詳細 |
| 259 | 2020/03/17 | 6561 | 是方 | 現沖 | 3,000 | | | | -10,412 | | 詳細 |
| 260 | 2020/03/17 | 6561 | 是方 | 融資 | 3,000 | | | | 26,683 | | 詳細 |
| 261 | 2020/03/17 | 8046 | 南電 | 現沖 | 55,000 | | | | -2,884 | | 詳細 |
| | | | | 合計 | | | | | 329,198 | | |

| 投資成本 | 236,209,652 | 損益 | 329,198 |
|---|---|---|---|

會長
碎碎念

每個月就是用30萬操作當沖，賺到的錢要提領出來，每月都要將心態歸零，從新開始！

國家圖書館出版品預行編目（CIP）資料

會長教你用 100 張圖學會 K 線當沖：30 萬本金「穩穩賺」的每日實戰交易
／Johnny著. -- 第二版. -- 新北市：大樂文化有限公司，2024.04
224 面；17×23公分. --（優渥叢書Money；069）

ISBN 978-626-7422-19-9（平裝）
1. 股票投資　2. 投資技術　3. 投資分析
563.53　　　　　　　　　　　　　　　　　　　113003449

Money 069

# 會長教你用100 張圖學會 K 線當沖（熱銷再版）
## 30萬本金「穩穩賺」的每日實戰交易
（原書名：會長教你用 100 張圖學會 K 線當沖）

作　　者／Johnny
圖文協力／詹TJ
封面設計／蕭壽佳、蔡育涵
內頁排版／楊思思
責任編輯／費曉咪
主　　編／皮海屏
發行專員／張紜蓁
發行主任／鄭羽希
財務經理／陳碧蘭
發行經理／高世權
總編輯、總經理／蔡連壽

出 版 者／大樂文化有限公司（優渥誌）
　　　　　地址：220新北市板橋區文化路一段268號18樓之一
　　　　　電話：（02）2258-3656
　　　　　傳真：（02）2258-3660
　　　　　詢問購書相關資訊請洽：2258-3656
　　　　　郵政劃撥帳號／50211045　戶名／大樂文化有限公司

香港發行／豐達出版發行有限公司
　　　　　地址：香港柴灣永泰道 70 號柴灣工業城 2 期 1805 室
　　　　　電話：852-2172 6513 傳真：852-2172 4355

法律顧問／第一國際法律事務所余淑杏律師
印　　刷／韋懋實業有限公司

出版日期／2020 年 08 月 10 日 第一版
　　　　　2024 年 04 月 18 日 第二版
定　　價／320元（缺頁或損毀的書，請寄回更換）
I S B N／978-626-7422-19-9

優渥叢書